勤

罗哲文　俞伟超　曾宪通　彭卿云

铁蹄踏出的帝国

中华文明是人类历史上最伟大的文明之一，是人类文明发展的主要构成。中华文明丰富、深刻、辉煌、博大，在人类文明中的骨干作用和领导作用人所共知。在人类文明的发源时期，中华文明就是四大古文明之一，是地球上文化的策源地之一。

李默／主编

广东旅游出版社
GUANGDONG TRAVEL & TOURISM PRESS
悦读书·悦旅行·悦享人生

中国·广州

图书在版编目（CIP）数据

铁蹄踏出的帝国 / 李默主编 . — 广州 : 广东旅游
出版社 , 2013.1（2024.8 重印）
　　ISBN 978-7-80766-437-6

　　Ⅰ . ①铁… Ⅱ . ①李… Ⅲ . ①中国历史—元代—通俗
读物 Ⅳ . ① K247.09

中国版本图书馆 CIP 数据核字 (2012) 第 268007 号

出 版 人：刘志松
总 策 划：李　默
责任编辑：张晶晶　黎　娜
装帧设计：盛世书香工作室　腾飞文化
责任校对：李瑞苑
责任技编：冼志良

铁蹄踏出的帝国
TIE TI TA CHU DE DI GUO

广东旅游出版社出版发行

（广东省广州市荔湾区沙面北街 71 号首、二层）
邮编：510130
电话：020-87347732（总编室）020-87348887（销售热线）
投稿邮箱：2026542779@qq.com
印刷：三河市嵩川印刷有限公司
　　　（河北省廊坊市三河市杨庄镇肖庄子村）
开本：650×920mm　16 开
字数：105 千字
印张：10
版次：2013 年 1 月第 1 版
印次：2024 年 8 月第 3 次印刷
定价：45.80 元

出版者识

  《话说中华文明》是一部全景式图文并茂记录中国文明历史的大书。出版者穷数年之力，会集各方力量——专家、学者、编辑、学术顾问们，在浩如烟海的历史档案、资料、著作中，探珍问宝，追寻中华文明在悠悠历史长河中的灿烂之光。此书的出版，凝聚了编撰者的心血，学术顾问们的智慧。尤其是李学勤先生，亲自动笔写下了序言，更增加了本书沉甸甸的分量。

  中华文明的历史充满了辉煌与苦难，成就和挫折。它的历史无处不在，决定着我们中国人今天的思想和感情。当今的中国和中国人是中华文明的历史造就的，是中华文明的历史的延伸，也是它的一个组成部分，中华文明的历史之河奔流到现在。

  中华文明是人类历史上最伟大的文明之一，是人类文明发展的主要构成。中华文明丰富、深刻、辉煌、博大，在人类文明中的骨干作用和领导作用人所共知。在人类文明的发源时期，中国就是四大古国之一，是地球上文化的策源地之一。在人类文明的早期，中华文明成为文明在东方的支柱，公元前后200年间，人类的汉帝国与罗马帝国这两只铁手攫住了地球。在欧洲进入中世纪的时候，中华文明更成为人类文明最主要的领导，它的文明统治东亚，传遍世界。进入近代，中华文明处于自身的重压和西方的欺凌下，但中国人民的斗争史和奋起精神是人类文明历史中不可缺少的一页。

  五千年的中华文明为人类贡献出了从思想家孔子到科学技术的四大发明、从唐诗宋词到长城运河的伟大创造，贡献出了从诸子百家到宋明理学，从商周铜器到明清文学的深刻内涵，也贡献出了从五霸七强到三国纷争、从文景之治到十大武功的辉煌历史。中华文明的历史绚烂多彩，在人类文明的历史长河中永放光芒。

  中华文明也是人类历史上最独特的文明，没有哪一个文明像中华文明这样持久，这样统一一致。世界上其他文明不但互相交错，其创造者也都与高加索体质的人种有关，它们是姐妹文明。在人类历史中，只有中华文明才是独特的，它的创造者是中国土地上的中国人民，与其他任何地方的人民都没有关系，它的文化是统一一致的文化，可以不依赖于其他任何文明而生存，但中华文明也绝不是封闭的，它接受他人的文化，也承担自己对于人类的责任。

  人类进入新世纪，中国的社会经济发展令世人瞩目。人们对于世界未来的政治和经济结构的估计无不以东亚和太平洋为中心，而尤以中国为重点。

  经济起飞只是当代中国的一个方面，中国的精神文明的建设尤为刻不容缓。如果中国要自觉地发展中华文明，要有意识地使中国的发展具有世界意义，就必须发展强有力的精神文化，这样才能使中华文明的发展进入一个新的阶段，才能形成中国和中华文明的全面现代化。

而中国的精神文化的发展植根于中华文明的伟大传统之中。进入近代之后，在西方文化的冲击下，对于中国文化的价值产生大量的情绪化和激烈冲突的论调。"五四"运动打倒孔家店的口号具有冲破封建束缚的时代意义，对中国文化的发展有不容否认的正面意义，与文化虚无主义是完全不同的。文化虚无主义者否定中国传统文化，在现代化的旗帜下主张全盘西化；而复古主义则沉迷于中国文化的古董，走进反进步、反科学的泥潭。

历史的发展则超越了所有这些论点，产生这些论调的一百多年来的中国近代史已经结束。历史要求中国发展，要求中国走在全世界发展的前列。西化论和复古论都已过时，历史已经要求世界超越西方，中国可以承担起世界的命运，而中国的现实和世界的历史都说明，中国的使命在于它的发展前进，而非倒退。

中华文明走出迷惘的时代，我们这一代处在一个伟大而具有挑战的历史阶段。

总结历史、展望未来，这就是《话说中华文明》的意义和使命。我们创作《话说中华文明》，力求总结和回顾中华文明的全貌，在内容和形式上都开创一个新的局面。在内容结构上，既具有一定的深度，又具有相当的广博性，既有严谨、准确的学术价值，又有活泼、流畅的可读性。我们在本丛书内容纳了中华文明的各个方面，使它综合了大规模学术著作的系统性、严密性和普及读物的全面性、简易性，它既可作为大型工具书检索中华文明的各个成分，又可作为通俗的读物进行浏览。

我们从上世纪90年代初起就开始思考中华文明的历史和现实问题，并逐渐形成了编著《话说中华文明》的设想。在开展这项庞大的文化工程之始，我们就聘请了国内权威学者李学勤、罗哲文、俞伟超、曾宪通、彭卿云诸先生担任学术顾问，他们对计划作了充分讨论，并审阅了大量初稿。我们聘请了广州、香港地区的社会科学学者、大学教师、研究生以及我社编辑人员几十人担任稿件的撰写工作。

通过创作这部书，我们深深地感受到了中华文明的博大精深，也感受到了它的内在缺陷。中华文明具有辉煌的时期，也有苦难的年代，有它灿烂的成就，也有其不足的方面。中华文明在自身中能够吸取充分的经验和教训，就能够使自身健康壮大，成长发展。

通过创作这部书，我们也深深感受到了出版事业的使命和重任。我们希望这部书能受到广大读者的喜爱，起到它所应当起的作用。为中华文明的反省、前进和奋起作一点贡献。

目 录

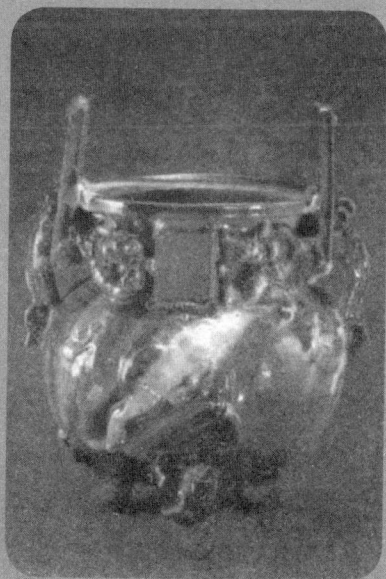

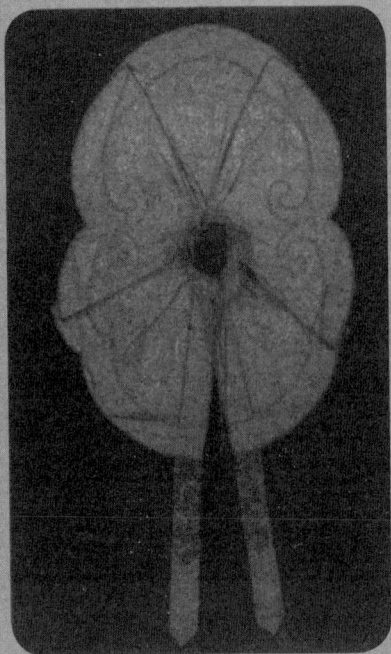

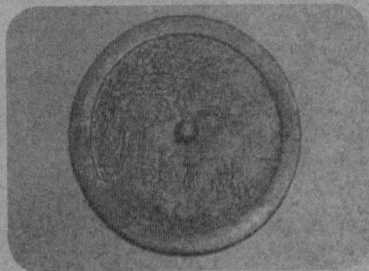

元
朝

1271 ~ 1280A.D.

元朝

1271A.D. 宋咸淳七年　蒙古—元至元八年

五月，蒙古分围襄阳之兵以攻四川宋地。

六月，宋兵救襄阳，为蒙古所败。十一月，蒙古改国号为元。

1273A.D. 宋咸淳九年　元至元十年

二月，　宋将吕文焕以襄阳叛降于元。

1274A.D. 宋咸淳十年　元至元十一年

六月，命伯颜帅以伐宋。七月，宋度宗死，子㬎嗣，是为恭帝。

1276A.D. 宋德祐二年　宋端宗赵昰景炎元年元至元十三年

宋帝奉表请降，遣右丞相文天祥等诣元军，天祥被留，寻脱归。

三月，元以宋帝、太后等北行。

五月，益王即帝位于福州，是为端宗。宋帝至惠州，奉表请降。

1277A.D. 宋景炎二年　元至元十四年

正月，元以天师张宗演领江西诸路道教。

八月，文天祥败走循州。十二月，文天祥兵败被俘。

1279A.D. 宋祥兴二年　元至元十六年

元将张弘范攻厓山，二月，宋兵大溃，陆秀夫负宋帝蹈海死，大将张世杰溺死，宋亡。

数学家李冶去世。

1280A.D. 元至元十七年

与高丽征日本，以飓风船坏无功。

十一月，颁郭守敬等所制授时历。元帝师八思巴去世。

1273A.D.

日耳曼选侯大会于弗兰克福，选出今瑞士北部一小封建诸侯——哈布斯堡之卢多尔夫（路德福）为日耳曼王。

1277A.D. 罗杰·培根以信奉异教被囚。

1278A.D. 玻璃镜问世。

1280A.D.

挪威埃利克（外号"恨恶神甫者"）嗣位。开始与汉撒同盟之长期战争。

忽必烈建元·定都大都

至元八年（1271）十一月，忽必烈采纳刘秉忠、王鹗等儒臣的建议，根据《易经》"乾元"的意思，正式建国号为大元，并颁布《建国号诏》。蒙古自从成吉思汗建国以来，一直用族名充当国名，称大蒙古国，没有正式建立国号。忽必烈登上蒙古汗位后，建年号为"中统"，仍然没有立国号。随着征宋战争的顺利进行，蒙古政权实际上已成为效法中原地区汉族统治方式的封建政权，尤其是忽必烈统治日益巩固，于是他决定在"附会汉法"方面再迈进一步，把自已的王朝建成传承汉族封建王

元世祖忽必烈像

朝正统的朝代。忽必烈建国号大元，明确表示他所统治的国家已经不只属于蒙古一个民族，而是中国历代封建王朝的继续。

至元九年（1272）二月，忽必烈采纳刘秉忠迁都的建议，改中都为大都，正式定为元朝首都蒙古国时期，统治中心在和林（今蒙古境内），忽必烈即位后，元朝的统治中心已经南移，远在漠北的和林不再适合作都城，忽必烈开始寻找新的建都地点。他升开平为上都，取代和林，接着又迁往更理想的燕京（今北京），定名为中都。中都改为大都后，忽必烈于至元十一年（1274）正月在大都正殿接受文武百官的朝贺，大都从此成为元朝的政治中心。

元行帝师制

元代之前有国师而无帝师，元亡帝师制度便随即中止，故帝师制度便成了佛教史上的一个特例。元代帝师之号并非仅出于对藏僧大德的尊敬，而是基于治藏的政治需要，帝师制度开了西藏地方政教合一体制的先河，元朝政府任命的帝师既是全国最高的宗教领袖，又是藏区军政首脑，统管藏区一切事务。

元代第一位帝师八思巴（1239～1280），是藏传佛教萨斯迦派的重要领袖。1258年，忽必烈召集僧道两教高士辩论《老子化胡经》真伪。18岁的八思巴作为释教首席代表舌战众道士，迫使17名道士服输削发为僧，一些道观

西藏萨迦寺壁画，显示了八思巴会见元廷使臣时的情况。

改为佛寺。中统元年（1260），忽必烈即大汗位，其时蒙古境内"释教大盛"，于是封八思巴为国师，赐玉印，统管蒙藏地区的佛教事务。至元元年（1264），忽必烈迁都北京，设立全国性宗教管理机构——总制院，八思巴以国师的身份兼领总制院事。此后，八思巴还受命创制蒙古新文字。至元六年（1269）新文字制成，八思巴因功被升为帝师、大宝法王，赐玉印，受到极高的礼遇。至元十一年（1274），八思巴西还，其弟亦怜真接帝师位。八思巴去世后，翰林学士王磐奉命撰《帝师行状》颂其功德，京城还建有"八思巴寺"以为纪念。

八思巴以后，元代还任命了13位帝师，历代帝师都出于萨斯迦昆氏家族，采用叔侄相承、兄终弟及的传承制度。唯一的例外是萨迦系非昆氏家族的胆巴（1230 ~ 1303），生前受世祖、成宗、仁宗的赏识和重用，死后被追谥帝师号。

元代的帝师作为一项宗教制度，在民族关系方面发挥了重要作用。元以前，吐蕃是完全独立于中央政府之外的政治实体，而八思巴受封则表明，中央政府开始对西藏地区行使设官任职的权力，中央对地方的控制加强了。帝师制的意义已完全超出宗教范围，佛教成为联结中央政府与地方的桥梁，共同的宗教信仰促进了蒙、藏、汉民族文化的融合，有利于中华民族共同的文化心理素质的形成。西藏从此成为中国领土不可分割的一部分。

八思巴字创制

忽必烈于至元六年（1269）颁诏正式推行国师八思巴创制的文字，把它名作"蒙古新字"，但第二年即改称为"蒙古字"。实际上，这种文字就是元朝的国字。后世有人直称"元国字"或"元国书"。元王朝灭亡后逐渐被废弃。字母表主要由藏文字母组成，也有少数梵文字母，还有几个新造字母。字母多呈方形。字母数目最初为41个，后陆续增加。据现存资料归纳，包括各种变体有57个。

八思巴字以音素为表音单位，字母分元音和辅音，元音a不设专门字母，用依附于辅音字母（包括作介音的半元音字母）的零形式表示，即音节首的辅音字母（包括零声字母符号）或介音字母后面不写其他元音字母时，就表

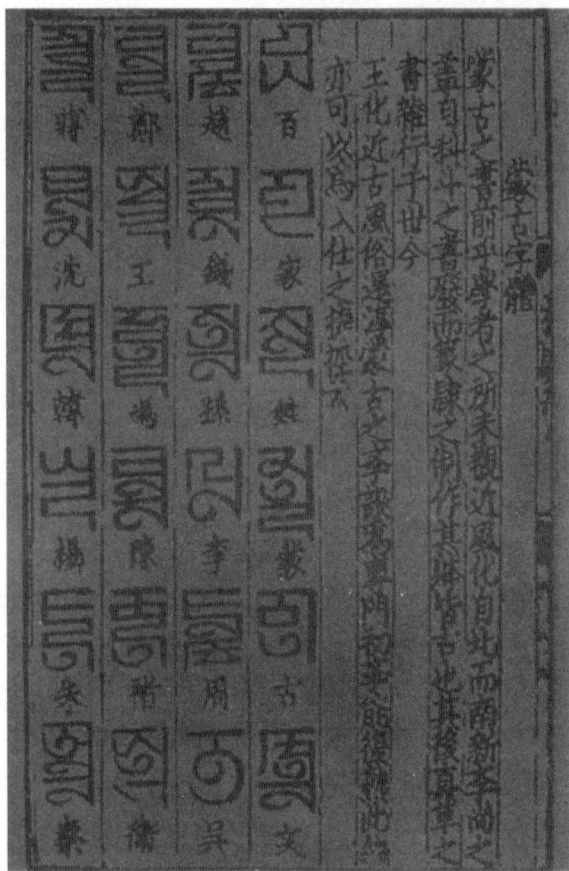

《八思巴字百家姓》，载于《事林广记》。

示后面有元音 a。

  字母有正体和篆体两种，篆体多用于官方印章。行款从左至右直写，与藏文自左至右横写不同。书写单位是音节，不是词，与藏文相同。由于书写单位不是词，加上不使用标点符号，所以阅读时只能靠上下文判断词的界限和句子的界限。拼写汉语时不标声调，因此如果原文没有汉字对照或没有其他参考材料，往往难以确定所代表的汉字。八思巴字作为元朝官方文字，是用来"译写一切文字"（至元六年颁行诏书语）的。据现存资料记载，它所译写的语言不仅有蒙古语，还有汉、藏、梵、维等多种语言。因此，这个文

《蒙古字韵》。八思巴文拼写汉语的韵书，收入八思巴字 800 多个，汉字 900 多个。

字具有不同于其他文字的一些特点。例如，八思巴字的字母数目比起译写的
每种语言所需用的都要多，其中多数字母通用于各种语言，部分字母则是为
个别语言所设。八思巴字行款的制订，显然也考虑了不同的语言的对象，并
且在不同语言之间进行了平衡、折衷，在一定的内容上互有照顾。它采用自
左往右、自上而下的行款格式，是接受了蒙文的习惯，而以音节为书写单位
则继承了藏文的传统。写法问题，也是这种文字的独特之处。这种文字之所
以没能竞争过任何一种原有文字，是因为它在各民族人民大众中没有基础，
当时蒙、汉、藏等民族都已有自己的文字，没有创制新文字的愿望。

　　八思巴字蒙古语资料和汉语资料，是探讨元代蒙古语和汉语的可靠依据，
尤其是研究这两种语言的语音方面，八思巴字资料优越于其他任何可利用的
同类资料，因为它对语音的记录准确而细微。

　　八思巴字资料在历史学方面也有很高的价值，是宝贵的历史文献。其内
容涉及整个元代社会的政治、经济、文化、日常生活等各个领域。现存八思
巴字资料，主要反映有关元朝宗教政策、民族关系、典章制度、历史人物、

行政区划等社会情况。因此，这些资料为研究元史提供了直接的证据。

元管理吐蕃

元代的西藏称吐蕃，一直处于中央政府的直接管辖之下，元政府对该地区的管理十分重视。

太宗窝阔台时期，吐蕃佛教萨斯迦派首领萨斯迦班智达公哥监藏（简称萨班）就在凉州会见蒙古诸王阔端，表示归附。阔端允许其各地僧俗首领仍官原职，以萨班为达鲁花赤，统领吐蕃各地政务。1253 年，忽必烈征大理途中驻军六盘山，召见萨班，当时他已死，其侄八思巴由阔端之子蒙哥都护送，前来拜谒，并凭借其丰富的历史和佛教知识赢得忽必烈信任，被留在身边。1260 年忽必烈即位后，封八思巴为国师，1270 年升为帝师、大宝法王，统领全国佛教，兼理吐蕃军民世俗事务，成为西藏地区最高宗教领袖和行政首领。1283 年，元朝中央设总制院，后更名宣政院，协助八思巴帝师管理全国佛教及吐蕃事务。宣政院是秩从一品的高级官署，可以不经中书省而自行任命官员。

元朝还将吐蕃分成朵思麻、朵甘思、乌思藏三大行政区，各设一个略低于行省的宣慰使司都元帅府，还有若干宣抚司、安抚司、诏讨司等下属机构。前两个地区的官员由朝廷直接选派，而乌思藏地区的官员则由当地僧俗封建主担任。

为了表示对吐蕃的重视，忽必烈还将其子奥鲁赤分封在这里，并子孙世袭，他们参与处理吐蕃地区军政事务和平定叛乱的军事行动。中央集权进一步加强以后，藩王不得直接干预地方事务，这种职能被宣政院所取代。

元统治者为了加强与吐蕃的政治经济联系，还在乌思藏、朵甘思、朵思麻设置了大小驿站 35 处，每站相距三五百里，配置的马、牛、羊比内地的多。吐蕃和内地来往的使者、商队都曾利用驿站的便利交通传递过文书、物资等。此外，元政府还在碉门、黎州设立榷场，方便与藏族人民的贸易往来。

由此可见，西藏自古就是中国领土中不可分割的一部分，长期以来就与中原在政治、经济、文化方面保持着紧密的联系。元朝对吐蕃的管理使这种联系更加强化，在民族关系史上意义十分深远。

元驿站体系建立

元代统一以后，疆域十分辽阔，为了加强各地之间政治、经济、文化联系，元大力发展了交通运输业，建立了四通八达的驿道驿站体系。

驿站的设置，开始于成吉思汗时期。1219年，成吉思汗派遣刘仲禄到山东邀请长春真人丘处机，就曾利用过驿骑，借助驿站，丘处机顺利地到达中亚又返回燕京（今北京）。太宗窝阔台时期，驿站规模进一步扩大，在从蒙古本土、经察合台汗国，到欧洲的钦察汗国的漫长道路上，设有驿道、驿

元太宗窝阔台像

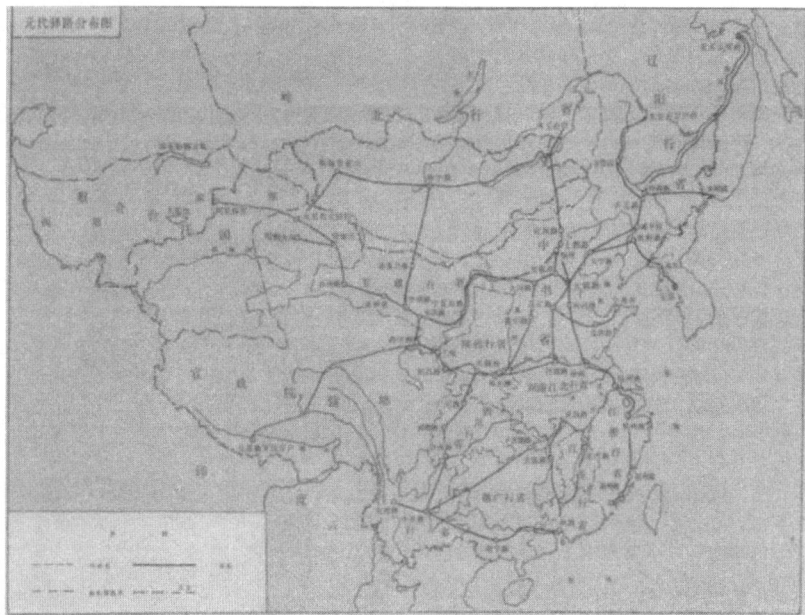

元代驿站分布图

站，便利通行。窝阔台本人也把建立驿站作为自己的一项功绩，足见其重视。忽必烈建元后，逐步建立起了以大都为中心的四通八达的驿站网，东北至黑龙江江口的奴儿干，北通叶尼塞河上游的吉利吉思，西达伊利汗国和钦察汗国，西南抵云南、西藏，这一大规模的驿站系统是空前的，也是绝后的。资料显示，全国各类驿站有 1500 多处，在驿站服役的驿户超过二三十万。

驿站分陆站、水站。陆站的交通工具主要是马，有的地方用牛、车、轿，也有人力搬运，所以有马站，牛站，车站、轿站，步站之别。东北辽东还有狗站。水站的工具是船。

在驿站服役的驿户由民间签发而来，每个驿站都有若干站户，少者数十或一二百，多的达二三千户，甚至更多。驿户的家庭状况一般都比较富裕，大多是中等或中等以上的民户，一旦进入驿站体系就世代相承，不得更易。他们负责管理驿站的交通工具，工具有些是驿户提供的，有些是国家购置的，如果有损坏，必须由

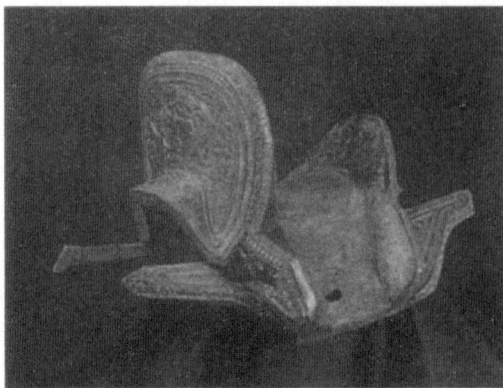

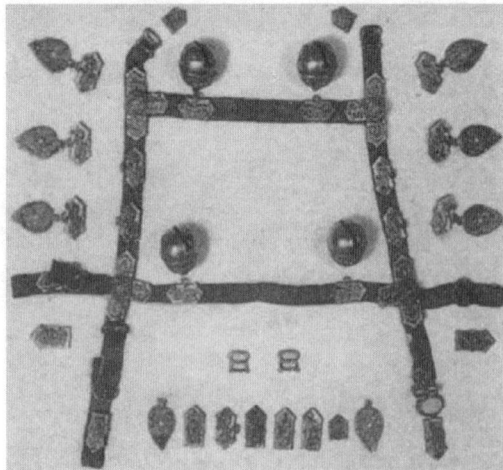

马辔具。上为马鞍，中是马镫，下为马笼头。

驿户赔偿。驿户轮流充当驭手或水手，并为过往的使臣提供规定标准的饮食。

如此完善、便利的驿站体系，成为元政府加强管理、巩固政权的一个重要环节。为了保证其作用的正常发挥，元统治者建立起一整套管理制度。最初属兵部管理，后设通政院，专门管理这项事务。地方上由各路长官负责，每个驿站设有驿令或提领，负责站上的日常事务，还对捉供服务的对象和范围作了严格的控制。但滥用驿站的情况却没能得到制止，王公贵族官僚，上层僧侣等都千方百计地谋取使用驿站的特权，使得元后期驿站制度基本废弛。

与驿站相辅而行的还有急递铺，专门负责朝廷和官府紧急文书的传送，一般间距为10里、15里、25里。铺卒5 ~ 16人不等。按规定，文书一昼夜要传递400里。路上行人必须避让。

上图为元急递铺令牌。下图为驿站乘马铜牌。

011

驿站和急递铺的建立是以军事和政治为主要目的的，客观上对巩固政权、维护中央集权统治起到了积极的作用，而且加强了各地区、各民族的政治、经济、文化联系，在一定程度上促进了元代的商品经济繁荣，保障了各界人士旅途畅通和行旅安全。因而这一范围广泛的便利驿站体系的建立，在中国交通史、民族及中外关系史上具有十分重要的意义。

元军攻占襄樊

宋咸淳九年（1273）二月，元军攻占襄樊。

咸淳三年（1267）冬天，南宋北边的军事重镇襄阳（今湖北襄樊）被元军围困。守将吕文德守城坚决，元军发动多次进攻都被打退，但城中宋军也损失惨重。宋军几次突围不成，前来救援的部队也被元军阻住或是击退。元军将襄阳围困了整整 6 年。

咸淳九年（1273）正月，襄阳守军在樊城失守的情况下，陷入了内无力自守，外无兵救援的困境。守将吕文德的弟弟吕文焕在吕文德死后主持襄阳大局，他多次派人向朝廷告急，权相贾似道都不以为然。二月，元军统帅阿术一面让元军用回回炮轰击城内，动摇城中人心；一面又派人进城招降。吕文焕看到大势已去，为了让襄阳老百姓免受屠城的噩运，献城投降。元军经过 6 年战争最终占领襄阳。襄阳失守后，宋长江沿岸的许多城市守将纷纷投降，为元连进攻宋的腹地敞开了大门。

元设炮兵

蒙金战争开始后，成吉思汗便注意到炮的威力，并在 1214 年命令大将俺木海为随路炮手达鲁花赤，挑选 500 余人进行炮技训练，组建了蒙古第一支炮队。其后每次大的战役均有炮兵的参与。但这一时期，蒙古兵的炮主要靠同西夏、宋、金作战中缴获而来，自己不能制造，因此蒙古炮兵规模受到极大限制。

元代铜铳，上有"射穿百札，声动九天"、"神飞"等铭文。

　　元世祖即位后，下令征调回回炮匠，成批制造回回炮（亦称襄阳炮和西域炮）。此炮名为"巨石炮"，能发射150斤重的石弹，且操作方便。新式大炮的使用很快使蒙古军攻破围困6年之久的樊城，并迫使襄阳南宋守将吕文焕投降。襄樊大战后，忽必烈又大规模征调炮匠，组织开矿冶炼，加强兵器制造。除了大量制造回回炮外，还制造有15梢、9梢、7梢、5梢、3梢炮。并进一步扩充炮手军，设置炮手总管府、回回炮手都元帅府（后改称回回炮手军匠上万户府）等机构管辖炮兵。

　　元朝中后期，大炮制造技术得以发展，金属管形火炮问世并大规模制造，使元朝炮兵规模有相当大的发展。

　　元代炮兵建立与发展，使蒙古军队改变了单一骑兵的军制，发展成多军队、多兵种的武装力量，而且引起元军作战方法和战略战术的变革，诸兵种联合协同作战开始出现。

螺细漆盘残片

雕漆戗金等工艺出现

　　元朝的漆器工艺和宋朝相比，明显要进步得多。宋朝的漆器工艺显得比较纤弱，尚处于发展阶段，而元朝时则已相当繁荣，整个工艺已格外的丰满和富丽，给人一种深厚和成熟的感觉，这主要表现在雕漆和戗金两大工艺方面。

　　雕漆就是在器胎的表面厚厚地涂上漆，并且趁其未干之时，下笔雕刻花纹，最后烘干，再打磨。根据所涂漆的颜色不同，又可将雕漆分为几种，如剔红就是涂红漆，剔黄就是涂黄漆，剔彩则是将各种颜色的漆混合再涂上去，其中最常见的当数剔红。当时两个最为有名的雕漆艺人是张成和杨茂，两人都以剔红而出名。张成的剔红作品在北京故宫存有两件，一件是《观瀑图剔红盒》，另一件是《栀子花剔红盒》；杨茂的剔红作品也有两件存于北京故宫，一件是《观瀑图八方盒》，另一件是《花卉纹漆尊》。两人的《观瀑图》，描绘的都是在山石树木的衬托下，一老者凭栏柱杖看瀑布，旁有二个小童伺候，

"张成造"曳杖观瀑图剔红盒

唯一区别是杨茂的《观瀑图》比张成的《观瀑图》多一个小亭。从整体上来看，张成的作品中线条较为简练，而杨茂的作品则更为繁琐。

　　戗金就是用刀在漆器上刻划各种花纹图案，包括山水、花鸟、人物，然后填入金粉。同宋朝戗金作品相比，元朝作品中的花纹较宋朝的繁密，整体上给人富丽的感觉。当时的著名艺人有嘉兴的彭君宝。代表作有《双鸟纹经箱》和《人物花鸟纹经箱》，都存于日本。

　　元朝雕漆及戗金工艺的进步，为漆器工艺在明朝的鼎盛打下了基础。

云南建省赛典赤任平章政事

　　至元十年（1273），忽必烈为了加强对云南地区的统治，下诏设立了云南行省。行省地处云南中部的中庆（今云南昆明），色目人赛典赤被任命为

赛典赤·赡思丁墓

最高行政长官平章政事。赛典赤对中原汉族人的统治方法非常熟悉。他到云南后，首先协调好行省跟蒙古宗王府的关系，明确了各自的职权，接着又普遍设置郡县，使政令能够贯彻实行。赛典赤还以怀柔政策取代军事镇压，对各地的酋长、土官待之以礼，示之以诚，深受各族首领的爱戴。他又采取了许多有利于安定民生，发展生产的措施，对当地社会经济的发展作出了重要贡献。

《圣武亲征录》成

　　元世祖忽必烈时期，记录成吉思汗、窝阔台统治时期史事的《圣武亲征录》编纂完成，它是元朝史家记录本朝历史的两部代表性著作之一，史料丰富，历来为史家所珍视。

　　《圣武亲征录》又名《圣武亲征记》，作者不详。中统三年（1262），忽必烈曾下令王鹗等人商榷国史，王鹗等查访了成吉思汗事迹，因而《四库全书总目提要》及某些研究者认为此书作者可能是王鹗等人，在无确凿证据的情况下，可备一说。

　　该书记录之事起于烈祖神元皇帝也速诒初征塔塔儿部获其部长铁木真，止于成吉思汗灭西夏、凯旋途中逝世，对成吉思汗出生和他命名的由来记叙得十分详尽，成吉思汗一生的征伐历程占据了全书的绝大部分篇幅。其所记叙的窝阔台事迹则相对简略，起于他承继大位，止于其病故，但首尾完具。全书内容大多是对成吉思汗和

元加封孔子碑："大成至圣文宣王。"

窝阔台二人征服活动的简略记录，文字简朴，有时也有对征战的军容、军纪及战役细节的描述，如记札木合率领30000人的军队进攻驻扎于答兰版朱思荒野中的成吉思汗军，成吉思汗将其军队编为13翼，并具体介绍了其中10翼的部署情况；窝阔台占领金人西京后的战役，写出了哲别用兵的机警和蒙古骑兵旋风般驰骋疆场的情景。书中有些段落还不乏机趣，如成吉思汗与金军作战一段，突出地表现了九斤的谨慎，契丹的多计，明安的机智和成吉思汗的气度，人物个性跃然纸上，继承了中国史书写战争的优良传统。

《农桑辑要》发行

《农桑辑要》是我国现存最早的官修农书，由元代主管农桑和水利的司农司编撰，大约在至元十年（1273）刊刻并颁发给各行中书省的"劝农官"，开始流传和推行。

元初的几个皇帝比较重视农业，世祖忽必烈在继位的第二年设立了主管农业的"司农司"。《农桑辑要》很可能是由孟祺负责主编，又先后经畅师文、苗好谦修订补充最后定稿的。此书在元代曾多次刊行，明、清两代也有多种刻本，其中最通行的是清乾隆年间（1736～1795）从《永乐大典》中辑录的

中国四大农书之一——《农桑辑要》

武英殿聚珍本。1979 年，上海图书馆影印出版了元刻本《农桑辑要》，书前的至元五年咨文，记叙了其流传经过。1982 年农业出版社出版的石声汉整理校注的《农桑辑要》，是目前为止最完整的本子。对通行的殿本有很大改进。

《农桑辑要》总计 60000 字左右，共 7 卷。第一卷《典训》相当于"绪论"，用系统的历史资料阐述农本思想。其余各项共记录了 572 项农业畜禽、养蚕业等方面的技术资料。此书是灭南宋前指导黄河中下游地区的农业生产的专书，在内容上不涉及江南的水田生产技术，总结了当时的新经验和大量的第一手资料。它极端重视蚕桑，把它提高到空前的地位，大约占据了全书 1/3 的篇幅。比《齐民要术》有关这方面的内容增加了 9 倍多。农、桑并举作为书名，说明当时桑蚕业的地位和对蚕丝的迫切需求程度。为了向黄河流域的中下流地区推广苎麻和木棉种植而专门将其列举出来。

总体来说，《农桑辑要》充分体现了农本思想，以谷物生产为纲，兼及各种小型副业的自给自足经济体系的特点。注意到农作物的主次顺序。完整地表现了《齐民要术》后六七百年来农业生产的新发展，对《齐民要术》有所继承并作了大量的修改和补充，将其中占卜、禁习等迷信内容几乎全部删除，除对某些重要条目以十几倍于《齐民要术》篇幅详加论述，还增加了谷物、纤维植物、蔬菜、果树、药用植物和畜牧等 40 项内容。"漆"和"栀子"就是第一次被论及的。

《农桑辑要》继承了农本思想体系和此前几部重要农书的丰富遗产，严谨而翔实，《四库全书总目提要》说它"详而不芜，简而有要，于农家之中最为善本"。这一评价十分中肯，它的确是一部实用价值极高的农业技术专著，影响和指导了此后的农业及副业生产。

元军大量使用火器

蒙金战争开始后，蒙古军队在大约 1211 年至 1215 年之间便拥有了火器。他们在掳获金的火药、火器和工匠后，开始自行生产和使用。元军使用的火器，可分为燃烧性火器与爆炸性火器两种。

燃烧性火器有火箭、火枪、毒药烟球等，爆炸性火器有铁火炮以及金属

管形火器火铳。这些火器兼有燃烧、烟幕、毒气、障碍、杀伤等不同的作用，不仅广泛用于同金、宋作战的中原战场，还用于欧亚战场。如 1235 年成吉思汗之孙向西进攻欧洲时，就携带有火炮、火药箭。正是在这时，火器传到了阿拉伯，被称为"契丹火枪"和"契丹火箭"，并从那里传到欧洲。1240 年，西征蒙古军至华沙，用毒药烟球攻城，波兰人还以为蒙古军在驱怪喷毒。至元十一年（1274）和至元十八年（1281），元世祖忽必烈以高丽为基地，两次派遣元军向东进攻日本，也大量使用过火器。据坂诏藏《兵器考·火炮篇》记载，元军第一次登陆同日军作战时，使用的"飞铁炮火光闪闪，声震如雷，使人肝胆俱裂，眼昏耳聋，茫然不知所措"。《太平记》一书中也有对元军使用铁火炮同日军作战的描写：球形铁炮抛出来后，"一次可发射 2 ~ 3 个弹丸，日本兵被烧被害者多人。"

元代中后期，元人在南宋突火枪和火筒的基础上，创制了金属管形火器——火铳，还有金属管火炮。到元代末期，这两种新式火器已在元军中普遍使用。据《元史·达礼麻识理传》记载，达礼麻识理在至正二十四年（1364）时曾指挥一支"火铳什伍相联"的队伍。火器不仅装备步兵，而且还装备炮兵、水军，大大地加强了元军的作战能力。

火铳火炮的出现，是世界兵器发展史上的一次划时代变革，对人类社会的发展和文明的进步作出了巨大贡献。为西方制造的"佛朗机"及西洋大炮奠定了基础。而欧洲同类火器，直到 14 世纪中叶才出现。据推测，元代火炮的出现至少要比西方早 50 年。

伯颜大军渡江灭宋

至元十二年（1275），伯颜大军渡过长江，至元十三年（1276）南宋灭亡。

至元十一年（1274）正月，阿术、阿里海牙等将领建议派兵大举攻宋，元世祖忽必烈看到时机成熟，于是召集大臣商议，决定派伯颜率军南下，直捣临安，对南宋实施毁灭性打击。为了这次进攻能达到预期效果，忽必烈还特别下令，让中书省从别处抽调 10 万精兵，精选 5 万匹战马，用来补充南线元军。接着，忽必烈发布了征宋诏书，伯颜统率大军从襄阳南下，向南宋发动了攻势。

　　襄樊重镇早在至元十年（1273）就被元军攻破，宋军防线出现缺口，伯颜所率大军从襄阳分路南下，几乎没有遇到任何抵抗，元军绕过南宋重兵驻守的鄂州，直达长江北岸。至元十二年（1275）正月，元军渡过长江，强攻鄂州，只3天就将鄂州占领，宋军闻风撤退，毫无斗志。伯颜让阿里海牙统兵40000镇守鄂州，自己率大军乘胜沿长江向东推进。元军跟宋军进行了一系列激烈的会战，南宋的城池接连陷落，宋朝廷十分恐慌。同年二月，权臣贾似道派使者到伯颜军中求和，遭到伯颜拒绝。于是，贾似道亲自率领宋军迎战，两军在丁家洲大战。宋军遭到元军大炮轰击，惊慌失措，溃败逃窜。元军乘机掩杀，宋军水陆主力几乎丧失殆尽。宋廷上下更不稳定。

　　丁家洲大战之后，忽必烈召伯颜北上，当面传授继续用兵的方案，决定由伯颜率主力攻临安，阿术分军攻扬州，阿里海牙、宋都解分别进攻湖南，江西。在元军的强大攻势下，南宋各地官吏丢印弃城、京师官员离职逃跑的现象日益普遍，南宋朝廷毫无办法。元军向临安一天天逼近。同年十一月，元军攻破了临安门户独松关，宋廷一片混乱，官员们都忙着处理后事。十二月，南宋又派使者到无锡去请求伯颜退兵讲和。但也是徒劳无益。元军一直开到皋亭山（今杭州东北），前锋到了临安的北关。文天祥、张世杰请求皇室和官员坐船下海，被陈宜中拒绝。接着，谢太后派监察御史杨应奎向伯颜呈交传国玉玺和降表，请求投降。伯颜接受，并召陈宜中商议投降事宜。陈宜中以为伯颜要将他除去，当晚逃到温州。谢太后只得派文天祥等人到元军营中接洽。文天祥还想保全宋王室，对伯颜说："北朝如果想要宋做属国，全军撤回才是上策，要是想把宋灭了，元军取胜也非易事。"伯颜看到文天祥举止不凡，便将他扣留下来。至元十三年（1276）三月，伯颜进入临安，宣布受降诏书，然后将恭帝、皇太后、福王与芮等人押送到大都。南宋王朝至此名存实亡。

元军东征日本失败

至元十一年（1274）和至元十八年（1281），忽必烈两次发兵东征日本，均失败而归。

高丽臣附元朝后，东夷之国只有日本不受元朝控制。忽必烈几次派使节到日本，要求两国通使，日本都不买帐。至元十一年（1274）三月，忽必烈因为日本拒绝通使，决定发动战争，用武力去征服，派屯驻在高丽的忻都率领蒙古、汉、高丽混编的军队25000人东征日本。元军在日本登陆后，大肆抢掠，日本守军顽强抵抗，元军虽然小胜，却不能深入。后来等不到援军，元军只好撤退。归途中遇到台风，船只大多毁坏，元军损失惨重。

出土自对马海峡的元军头盔

至元十八年（1281），忽必烈再次命令东征日本。元军兵分两路向日本进发。两支元军在日本平壶岛会师后，又遇到罕见的飓风，大多数船只破损，除了一部分高级将领争先坐船逃回外，10多万军士被遗弃在海岛上。几天后，日军大举进攻，元军又气又饿，大部分战死，剩下来的都被俘去做奴隶。元军第二次东征日本几乎遭受全军覆没的损失。但忽必烈还是不死心。

至元二十年（1283），忽必烈试图再征日本，在江南大造海船，抽调兵马。由于人民纷纷起来反抗，他被迫放弃了征伐日本的计划。

喇嘛教受元室崇奉

至元十一年（1274）三月，元朝帝师八思巴从京城返回吐蕃，他的弟弟亦怜真继为帝师，表明喇嘛教受到元室崇奉，为元室所不可缺的地位，已确立不可动摇。

吐蕃喇嘛教是中国佛教派别之一。忽必烈即位前曾受戒于吐蕃喇嘛教高僧八思巴，自此以后，佛教在蒙古汗廷中的地位便日益上升，尤其是经过忽必烈主持的佛、道两派辩论，佛教的尊崇地位便得到确定。忽必烈即位大汗后，即封八思巴为国师，授以玉印，任中原法主，统辖天下教门。

至元六年（1269），八思巴依据藏文字母，参照畏吾体蒙古文的书写特点和汉字的构字方式，创制了方体蒙古新字。忽必烈于是封八思巴为帝师、大宝法王。此后的元朝皇帝在即位前，必须"先受佛戒九次方正大宝"，成为定制。并且帝师也成为元朝皇帝供奉的最高神职，具有"皇天之下，一人之上"的神圣地位。元朝前后共封帝师14人，全都是来自吐蕃乌思藏萨斯迦派的高僧。八思巴一家出了其中大半的帝师，有的成为帝师时年仅12岁。

帝师不仅在元朝宫廷中享有极高的地位，而且以全国佛教领袖的身份倍受崇奉。忽必烈曾把乌思藏13万户封给第一任帝师八思巴作为供养地，八思巴成为吐蕃地区最高统治者。帝师往来于京师与吐蕃之间，百官均隆重迎送。帝师们生前死后所受封赏十分优厚，弟子门徒也大多被授官封号，享有极大特权。

铁蹄踏出的帝国

刺绣密集金刚像

024

登封观星台建成

　　元朝初年（距今约 700 年），位于今河南省登封县城东南 15 公里的告城镇北（东经 113° 08′ 30″ 6 ± 31″ 5，北纬 34° 24′ 16″ 9 ± 1.3″）的登封观星台建成。

　　中国很早就有天文观测台，历代史书对此多有记载。在元登封台建成前，中国历代许多天文学家曾在此观测天文。《周礼》载有周公在此"正日景"（"景"通"影"）。今观星台南 20 米处，尚存唐开元十一年（723）天文官南宫说

登封观星台

刻立的纪念石表一座，刻有"周公测景台"五字。

观星台为砖石混合建筑结构，由盘旋踏道环绕的台体和自台北壁凹槽内向北平铺的石圭两个部分组成。台体四壁用水磨砖砌成，呈方形覆斗状。台统高 12.62 米，其中台主体高 9.46 米，台顶小室高 3.16 米。此小室为明嘉靖七年（1528）修葺时所建。台四壁明显向中心内倾，其收分比例表现出中国早期建筑的特征。台下北壁设有对称的两个踏道口，人们可以由此登临台顶。踏道以石条筑成，四隅各有水道小孔，用以导泄台顶和踏道上的雨水，水道出水口雕成石龙头状。石圭又称"量天尺'，用来度量日影长短。它的表面用 36 方青石板接建平铺而成，下部为砖砌基座。石圭长 31.196 米，宽 0.53 米，南端高 0.56 米，北端高 0.62 米。石圭居子午方向，圭面刻有两股水道。水道南端有注水池，北端有泄水池。

《元史》载天文学家郭守敬曾对古代的圭表进行改革，新创比传统"八尺之表"高出 5 倍的高表。登封台的直壁和石圭可以印证《元史》所载，且为目前仅存的实物例证。所不同者，观星台以砖砌凹槽直壁代替了铜表。通过实测，证明观星台的测量误差相当于太阳天顶距误差 1/3 角分。另据史料记载，观星台上曾有滴水壶，并在此观测北极星。由此可推知登封观星台是一座具有测影、观星和记时等多种功能的天文台。

登封观星台是中国现存最早的天文台，也是世界上重要的天文古迹。它的建成，对中国古代天文学作出了贡献，在中国古代天文学发展史上具有重要意义。

中国阿拉伯数学交流

中国与"西域"各国的接触始于汉代，宋元时得到了进一步发展。尤其是元代蒙古族政权的范围达到中亚、西亚直到阿拉伯和东欧，打破了以往地域界限，造成中西交通的空前盛况，使中国与阿拉伯等国的数学交流进一步发展。

中国数学西传中最突出的是中国"盈不足术"的西传，9 世纪阿拉伯数学家花拉子米的著作中已有关于"盈不足"问题的叙述，在 10 ～ 13 世纪一

阿拉伯数字幻方铁板

些阿拉伯数学家的著作中，盈不足术被称为天秤术或契丹（即中国）算法。
中国数学中的一些著名问题如《九章算术》中的"持米出关"、"折竹问题"、"池
中之葭"，《孙子算经》中的"物不知数"，《张邱建算经》中的"百鸡问题"
等，都多次出现在 10 ~ 15 世纪阿拉伯数学书中。

1258 年，成吉思汗之孙旭烈兀攻陷巴格达，创立了伊利汗国。1259 年，

根据阿拉伯数学家、天文学家纳速拉丁·徒思的建议，建立了巨大的天文台，经精密观测后编成著名的《伊利汉历》。据《多桑蒙古史》记载，"旭烈兀自中国携有中国天文学家数人至波斯……纳速拉丁之能知中国纪元及其天文历数者，盖得之于是人也"。随着中国天文历法的西传，中国传统的数学知识自然也传入西亚各国。

在数学西传的同时，正处于蓬勃发展时期的阿拉伯数学也有许多内容传入中国。如西域人札马鲁丁撰的《万年历》，"元世祖稍颁行之"。另一西域人马哈麻所作《回回历法》还与《大统历》（即《授时历》）参互使用。阿拉伯幻方也在这时传入中国。解放后我国曾在西安及上海等地出土元代阿拉伯文幻方。此外，阿拉伯人计算乘法的"格子算"也在这一时期传入，后被明代数学家称为"写算"、"铺地锦"。

杨辉、丁易东作幻方幻圆

元代的数学基本上是宋、金数学的继续。这一时期的数学家创造出许多杰出的成就，其中包括杨辉、丁易东的幻方幻圆。

幻方古称纵横图，纵横图之名始创于南宋数学家杨辉。宋人研究"易数"，十分重视古称河图、洛书的两个数字阵，并进而探求具有类似性质的其他数字阵，而洛书就是 3 阶幻方。杨辉在其《续古摘奇算法》中给出了洛书之外的 12 个幻方和一些幻圆（具有与幻方类似性质的圆形数字阵），开后世纵横图数学研究的先河。

丁易东生活于宋末元初，略晚于杨辉。其《大衍索隐》是研究易数的专著，由河图、洛书推衍出多种数字阵，其中有 11 种为幻方或幻圆，多数给出或揭示了构造方法。他的"洛书四十九位得大衍五十数图"为一幻圆，中心对称的任选两数之和均为 50，同一圆周上 8 数之和为 200，加中位 225，同一直径上的 13 数之和为 325，他的"九宫八卦综成七十二数合洛书图"衍九宫为十三宫，每组 8 数之和均为 292，纵、横、斜每三宫之数的和均为 876，纵横相邻的两行 12 数之和均为 438。他还给出了一个与杨辉"九九图"相同的 9 阶幻方。他们的工作可能是各自独立完成的。

文天祥抗元失败

　　宋景炎三年（1278）十二月，文天祥抗元失败被俘，后在大都遇害。南宋的抗元名将，前有岳飞、韩世忠，后有张世杰、文天祥，文天祥是南宋主战派的代表人物之一。鄂州失陷以后，他曾率领10000多人到临安护卫，此后一直忠心耿耿地抗击元军，做到了临安知府。祐年（1276）正月，右丞相陈宜中出逃，宋廷擢升文天祥为右丞相，派他到元军营中议和，被伯颜扣留。后来逃脱，又辗转来到福州流亡朝廷。文天祥散尽家财，招兵买马，打算先收复江西，再跟江淮、浙东一带联成一片，支撑起南宋东南的半壁河山。文天祥派部将杜浒到浙江收集兵粮、吕武跟江淮宋军残余势力联络，自己则率领主力经过福建，到广东北部，再出击江西。江西大部分地方被收复。元军组织反击，一方面派援军来救被文天祥围困的赣州，一面又派精兵大举进攻文天祥在兴国的根据地。元军兵力强大，文天祥打算北上跟邹洬会师，不料邹洬也在永丰兵败。文天祥只有暂避锋芒，向南撤退。文天祥的军队在方石岭（今江西兴国东北）被元军追上，两军交战，厮杀激烈，宋军守将巩信拼死抵抗，将元军挡住，文天祥的军队才得以继续撤退。元军又追到空坑，文天祥的部下几乎全部被俘或遇害，乱军之中，郎将赵时赏谎称自己是"文丞相"，文天祥才得以逃脱。

　　景炎三年（1278），文天祥继续招兵买马，壮大力量，在惠州、潮州一带活动，多次打击元军。十二月，文天祥在五坡岭兵败被俘。后来，张弘范要文天祥写信劝张世杰投降，文天祥却写了《过零丁洋》诗表明心迹。文天祥被送到大都囚禁3年多，宁死不屈，最后被元廷杀害。

马可·波罗入华

至元十二年（1275），马可·波罗入华。

中统元年（1260），威尼斯商人尼柯罗、马菲奥两兄弟到东方做生意。他们首先到达了钦察汗国的都城萨莱。接着，因钦察汗国和伊利汗国交战，回国的路途险恶，尼柯罗两兄弟继续向东行进，在不花剌住了3年，于至元二年（1265）夏天到达大都。忽必烈向他们询问欧洲的情况，并且委派他们作蒙古大使的副手出使罗马教廷，要教皇选派100名懂法律、精通七艺的传教士来中国，在途中，蒙古使者因为有病留下，尼柯罗兄弟俩继续执行忽必烈的任务，在至元六年（1269）到达地中海东岸，向罗马教廷递交了国书，

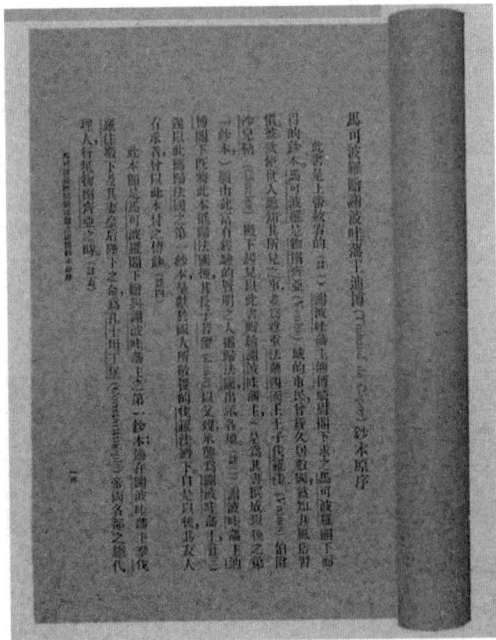

《马可·波罗游记》汉译本书影

马可·波罗像

随后返回故乡威尼斯。

　　至元八年（1271），尼柯罗兄弟带着尼柯罗的儿子马可·波罗，陪同新任教皇派遣的两名传教士到蒙古复命。途中两个传教士怕苦放弃，把教皇的书信以及出使证交给尼柯罗，要他们转交。3 人沿着古代丝绸之路，越过帕米尔高原，穿过河西走廊，于至元十二年（1275）达到大都。从此马可·波罗跟着他父亲、叔父在中国居住了 17 年。

　　马可·波罗聪明谨慎，口才也好，他在中国很快学会了骑马、射箭和蒙古话，受到忽必烈的信任。马可·波罗曾被忽必烈派到云南、江南各地去视察，又在扬州做了 3 年地方官，并作为元朝使者去过占城、印度等国家。至元二十六年（1289），马可·波罗和他的父亲、叔父想返回故乡，并得到了忽必烈的恩准。至元二十八年（1291）的春天，马可·波罗一行带着忽必烈给教皇以及英、法各国国王的书信，同伊利汗的使者一道，从泉州坐船向西，打道回国。马可·波罗于 1295 年回到威尼斯以后，在参加威尼斯和热那亚的海战中被俘。他在狱中写的《马可·波罗游记》，对东方中国的情况作了详细的介绍，在西方社会引起了很大的轰动。

妙应寺白塔建成

至元八年（1271），由当时入仕中国的尼泊尔著名建筑师阿尼哥（1244～1306）参与设计，在大都城内阜成门创建了著名的喇嘛教建筑——大圣寿万安寺，作

妙应寺白塔

为文武百官演习礼仪、做佛事的地方。寺内设有忽必烈及其子真金的影堂，并建造了一座砖砌喇嘛塔。后来寺院毁寺火，只剩下塔。明代重修改名为妙应寺，加上因塔外涂白灰，俗称"妙应寺白塔"。

白塔初名为释迦舍利灵通之塔，建在妙应寺中轴线上，高50.86米，全部砖砌。大体由顶部相轮、中部塔身及下部基台组成。基台有三层，作亚字形，其上中部为须弥座；塔身呈平面圆形的覆体形，座落在比例硕大的覆莲和数层水平线道上（即环带形金刚圈），使塔由方形折角基座过渡到圆形塔身，显得自然而富有装饰美。塔身又叫"塔肚子"，实心（石心）砖表，表面原有宝珠、莲花的雕刻并垂挂珠网缨络，因年代久远，现在都已不存在。再往上是缩小的折角方形须弥座的塔颈子和13层实心相轮，相轮收分显著。塔顶是青铜制巨大宝盖及盖上的小铜塔，盖周垂挂流苏状的镂空铜片和铜铃，徐风吹来，叮当作响。全塔又座落在一个T字形的大台上，T字的一竖向前，正面设踏步，上建小殿。除塔顶是金色外，全塔涂白灰，金白对比，在蓝天下相映交辉，颇为崇高圣洁。

妙应寺白塔与大圣寿万安寺（即后来的妙应寺）同时创建，是中国早期喇嘛塔中最重要的实例，也是内地保存至今最早、最宏伟的喇嘛式佛塔。它造型精巧，据称乃仿自军持（梵文音译，即贮水以备净手的净瓶）的形象，是佛教的吉祥物。

白塔比例匀称，气势雄伟，显示出元代建筑艺术的成就，与明清时修建的喇嘛塔有明显的差异，从而可以看出我国喇嘛塔形制历史演变的过程。1978年维修该塔时曾在塔顶发现一批重要的佛教文物。

元重吏轻士

元代政治制度的二元性，不仅表现在从中央到地方职官、机构的设置上，也同样鲜明地体现在官员铨选制度上。元代也曾开设科举考试，但开设时间很短，取士人数很少，且大都不获重用。大部分官员都从怯薛和吏员中选拔，从怯薛（禁卫军）中选用上层蒙古、色目贵族担任高级官员，中下层官员则选用吏员担任。因此在元代形成了"重吏轻士"现象。

元色目人俑

　　1264 年，忽必烈将任命、铨调各地官员的权力完全收归中央，基本确定了元代官员铨选制度。至元十四年(1277)，中书省又奏准颁行《循行选法体例》，对内外官员铨法、迁转、升降等作了更详细、系统的规定。

　　怯薛入官是蒙古、色目贵族入仕的主要途径，也是怯薛制度的持续对元代政治产生的另一影响。怯薛作为皇帝的私人亲军，原则上都可世袭，其成员都是蒙古贵族和其他各族勋贵高官子弟，因此怯薛出身被称为"大根脚"，它既是元代蒙古、色目人仕做官的主要途径，也是元代高级官员的基本来源。

　　在怯薛成员中，由于世袭职位地位不同，入仕的方式与初入仕的官阶也不一样。怯薛长家族的子孙可直接世袭爵位，担任三品以上官职，其中有不少人年纪很轻就出任高官。至于一般的怯薛成员，可以通过武职世袭、文职荫叙的正常途径得官，更主要地是依靠怯薛长推荐，皇帝直接加以拔擢，不必经过中书省议奏。因此这种当时被称为"别里哥选"的制度是怯薛入仕的主要形式。

吏员出职制度是元统治者为了迅速运转国家机器、巩固统治、聚敛财富的需要而建立的特殊制度，但它也是元代最主要的一条入仕途径。元代吏员名目繁多，比较重要的有以下10种：令吏、司吏、书吏，必阇赤（以上负责处理公文案牍）、译史、通事（以上负责翻释）、宣使、奏差（以上负责传达命令、汇报工作）、知印（负责掌管印信）和典吏（负责发送、保管文书）。这10种吏员，根据所在衙门的品级高低、吏职地位的主次高低、执役时间的长短，都可以出职担任不同品秩的官职。基层官府吏员多必须经过考察才能出职担任流外官；中上级别衙门的吏员，即使不考满也可以根据执役时间长短出任不同官职，考满则直接补六、七品官，为以后的升迁奠定基础。吏员出职制度的系统化和全面推行，造成了官员多来自吏员的现象。据史料记载，元大德年间，每年由吏员升官入流品者将近1000人。这个数字几乎相当于整个元代科举取士人数的总和。

至于科举取士制度，在元代前期一直处于停废状态，儒士传统的入仕途径断绝，只能通过补吏、教官两种方式做官。补吏是指每年提拔一些儒士作为吏员，但名额很少。通过教官入仕，要经过层层考试，升迁极为缓慢。

据元代中期姚燧的估计，怯薛入官人数要占当时入官总人数的10％，吏员出职入官人数占85％，而靠做教官升上来的只占5％左右。可见元代重吏轻士到了多么严重的程度。造成这种现象，有多方面原因。首先科举制度长期推行积累的流弊，使蒙古统治者对科举制度和儒士都不信任，而怯薛制度的持续使元统治者更容易找到大量可靠的官员。其次，元统治者重用吏员，完全是出于巩固统治、聚敛财富的需要；而吏员出职制度的逐步完善、系统化，又进一步阻碍了科举制度的推行。再次，元朝政府采取民族歧视政策，使大部分出身汉族的儒士无法得到重用。

大都人列班和扫马西行

至元十二年（1275），大都人列班和扫马前往耶路撒冷朝圣，随他们一道的还有东胜州人马忽思。他们都是基督教聂思脱里派的教徒。

列班和扫马得到元朝颁发的铺马圣旨后，从大都出发，跟随商队西行。当他们抵达伊利汗国蔑剌哈城（今伊朗马腊格）后，谒见了聂思脱里派教长马儿·腆合。接着，他们又走访了波斯西部、亚美尼亚、谷儿只等地。由于当时叙利亚的北部经常发生战争，列班和扫马的朝圣计划难以实现，只得先在尼夕里附近的教堂住下来。至元十七年（1280），马儿·腆合召他们到报达（今伊拉克巴格达），委任马忽思为契丹与汪古部主教，委任扫马为教会巡视总监，派往东方处理教中事务。因为伊利汗国和钦察汗国两国在阿姆河一带交战，道路险恶。他们都没有按照马儿·腆合的要求返回元朝，仍然留在尼毛夕里附近的教堂里，等待机会朝圣。至元十八年（1281），马儿·腆合去世，东胜州人马忽思被选为聂思脱里教派的新教长，称作雅八·阿罗诃三世。至元二十四年（1287），伊利汗阿鲁浑打算联合基督教国家攻打耶路撒冷和叙利亚，于是派扫马出使罗马教廷和英、法等国。当扫马率领的使团到达罗马的时候，恰好旧的教皇去世，新的教皇又没有推选出来，于是继续向西，到达法国巴黎。扫马向法国国王腓力四世呈交了信件和礼物，受到法国王室的隆重接待。在巴黎逗留了一个多月后，扫马又来到法国西南部的波尔多城，在那里恰好会见了英国国王爱德华一世。英法两国都同意跟伊利汗国结盟，一起夺取耶路撒冷。扫马胜利完成任务。

至元二十五年（1288），列班和扫马在归途中再次到罗马，新任教皇尼古拉四世隆重接待了他们，他还对伊利汗阿鲁浑优待基督教表示感谢。从罗马回来以后，扫马受到了阿鲁浑的嘉奖。至元三十年（1293），扫马辅佐雅八·阿罗诃三世管理聂思脱里教派的教中事务，直到第二年去世。

大都人列班和扫马的西行，使得中国和世界各国的宗教联系更加密切，促进了文化的交流，增强了人民之间的友谊。

王应麟著书

王应麟，生卒年月不详，宋庆元鄞县（今浙江宁波）人，宋元之际著名的学者。他一生精研经史百家、天文地理，博闻强记，很有才学。

王应麟出仕以后，为官正直，先后得罪了丁大全、贾似道、留梦炎这一帮权臣，因而多次被他们弹劾，受到排挤。宋朝灭亡以后，他不再为官，把主要的精力放在治学上，在做学问方面取得了较大的成就。他治学主要继承吕祖谦的学风，但又兼采百家之长。他长于考证，对典章制度十分熟悉。在思想方面，他对朱熹的一些观点也能接受，但他最偏重心学，同陆九渊的观点十分相似。他认为："人是天地的心。"仁，是人的心，人而不仁，天地的心就立不起来。要为天地立心，必须仁义。他还提出事物的变化也依赖于人心的说法。这有点像现在的主观唯心主义学说。

王应麟一生勤于著述，留下来的著作很丰富，多达30余种，共600多卷。其中《困学记闻》、《玉海》、《深宁集》都是著名著作，很受后代推崇。

元置市舶司

至元十四年（1277），元廷在泉州、庆元、上海、澉浦4个口岸设立市舶司，管理海外贸易。后来又陆续在广州、温州、杭州设置了市舶司。

市舶司刚刚建立的时候，仍然按照南宋的方法进行管理，存在着许多弊端，市舶官员贪赃枉法，敲诈勒索，中饱私囊，直接影响了国家的市舶收入。至元二十八年（1291），元朝政府着手制定了市舶法则，至元三十年（1293），又颁布《整治市舶司勾当》22条。市舶法明确规定了市舶司的职责，包括办理船舶出入港的手续、舶货的检验和收存、舶货的抽分和纳税等等。市舶司由行省管辖，每个司设提举两人。征收舶税和市舶抽分时，往往有行省高级官员在旁边监督。元政府原定市舶抽分为舶货精品中十中取一，一般舶货

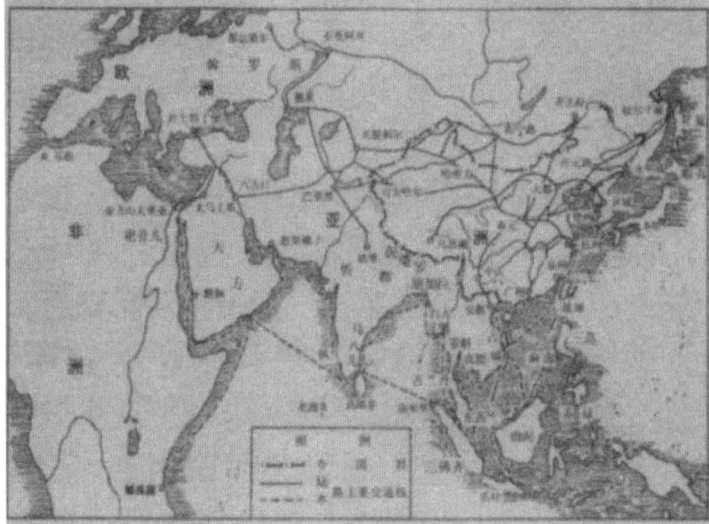

元代中外交通贸易路线图

十五取一。后来又在抽分之外规定了三十取一的舶税。延佑元年（1314），元朝政府提高了抽分额，精品和一般舶货都翻了一番。

　　元代和中国建立海上贸易关系的国家和地区数以百又计，市舶抽分和征收舶税成为元廷的重要财源之一。出口的商品主要是纺织品、陶瓷等日常生活用品。

张留孙统领道教

　　至元十四年（1277）正月，跟随张宗演入朝的正一道士张留孙，被授予"玄教宗师"的称号。这种正一天师的称呼，是正一道掌教的专称。正一道源于东汉张道陵创建的五斗米道，也称天师道，南北天师道在唐宋的时候跟上清、灵宝等派合流，开始改称正一道。正一道的历代掌教都由张道陵的后代世袭。在元朝，正一道跟全真道并列为南、北两大道教支派，正一天师由元廷进行敕封，世袭掌管江南道教。

至元十三年（1276），忽必烈召见第36代正一天师张宗演，对他宠信有加，让他总管江南道教。接着，跟随张宗演入朝的正一道士张留孙被授予"玄教宗师"的称号，成为道教在宫廷中的代表。忽必烈特别建造了崇真宫，让张留孙居住，还赐给他尚方宝剑。此一时，彼一时，在至元十七年（1280）释、道再次进行的大辩论中，道教惨败，结果忽必烈下令将道教经典除《道德经》以外一律烧毁，并禁止醮祠。张留孙通过太子真金向忽必烈求情，使很多道经得以保全下来。成宗大德年间，张留孙加号玄教大宗师，被封为知集贤院道教事，统领全国道教。

蹴鞠马球持续流行

元代的体育活动，发展了宋代的蹴鞠、击鞠（马球）等，使这些活动持续流行。元代的蹴鞠活动多是市民在时令节日的庆祝活动中举行。不仅一般市民喜爱蹴鞠，元代女子也喜欢此类活动。元代戏剧家及诗人笔下对此多有描述。如郭翼的《蹴鞠篇》就有这样的描述："倡园小奴花个个，蹴鞠朝朝花里过。钗坠蜻蜓髻倭坠，髻倭坠，玉珑璁，倚娇树，双脸红。""绿云单色光如苔，彩楼红扇相当开。美人凌波蹴月来，蹴月来，不坠地，袖回风，动罗袂。"元代知识分子也对蹴鞠乐之不倦，宫廷之中也有蹴鞠活动。如武宗就曾观"近臣蹴鞠"。可见蹴鞠在元代十分盛行。

元代蹴鞠的踢法沿袭宋代，分为两种：一种是设球门的竞赛；一种是不设球门的竞赛。设球门的参赛两队各6人。站在网前的是守网人，对着守网人的左右两边各4人，是正副色挟，后面中间一人是球头。踢法上，4个色挟担任接球，接得球的色挟传给球头，由球头用膝射过球门。如末射过球门，撞在网子颠下来，守网人要踢给色挟，色挟复挟往前，顿在球头膝上再射门。比赛或二筹，或三筹，以踢过数多者为胜。胜者，"众以花红、利物、酒果、鼓乐赏贺焉"。

不用球门的竞赛方法分两类：不用丝围子和不分班踢的为一类；用丝围子和分两班踢的为一类。第一类不分班的竞赛有1至10人场。元代市民中不分班的竞赛活动较兴盛。同时，各种"解数"在沿袭宋朝的基础上进一步向丰富多彩的方向发展。到明代，终于把花式加以固定。因此，元朝的蹴鞠艺人对解数的丰富和发展做出了贡献。

击鞠（马球）活动是蒙古族的传统体育活动。蒙古人在酌酒宴聚之时，常以此为助兴的娱乐活动。在擅长骑射的蒙古族中，打球和射猎往往是分不开的。元代军队中的武将也多擅击鞠，武将王珣、陈伯将即以此闻名。可见击鞠作为演武手段，很受军中将领的重视。此外，民间也多有开展此类的活动。

击球活动作为元代风俗一直沿袭不绝。据熊梦祥《析津志》的记载，每逢五月九日、九月九日，太子、诸王以及各衙万户、千户、怯薛（禁卫军）中能击球者，在西华门内宽广的场地上行击球的娱乐活动。1983 年 7 月在山西襄汾曲里村一座金元墓葬中发现了 4 块马球雕砖，栩栩如生地刻画了当年击球者头扎软巾，身着长袍，足蹬马靴，执杖击球的真实形象。

元代蹴鞠、马球的持续流行，说明了体育健身价值已为当时人们所认识，也很有娱乐价值，它为中国民间体育活动的流传打下了基础。

《事林广说》成

宋末元初，著名的民间日用百科全书《事林广说》成书，作者陈元靓。

陈元靓是宋末建州崇安（今属福建）人。他一生默默无闻，只是隐居以编书为业。他编著的图书很多，其中有名的包括《事林广说》、《岁时广记》、《博闻录》等。

《事林广说》一书在元代和明初翻刻时有所增补。全书分成四个部分：前集 13 卷，分 16 类；后集 13 卷，分 19 类；续集 8 卷，分 8 类；别集 8 卷，分 8 类，总共有 42 卷，51 类。该书是一本民间日用百科全书，它的内容非常广泛，涉及天文、地理、政刑、社会、文学、游艺等各个领域，记录了很多具体事例，并且书中还有很多插图，是一本图文并茂的实用性著作。

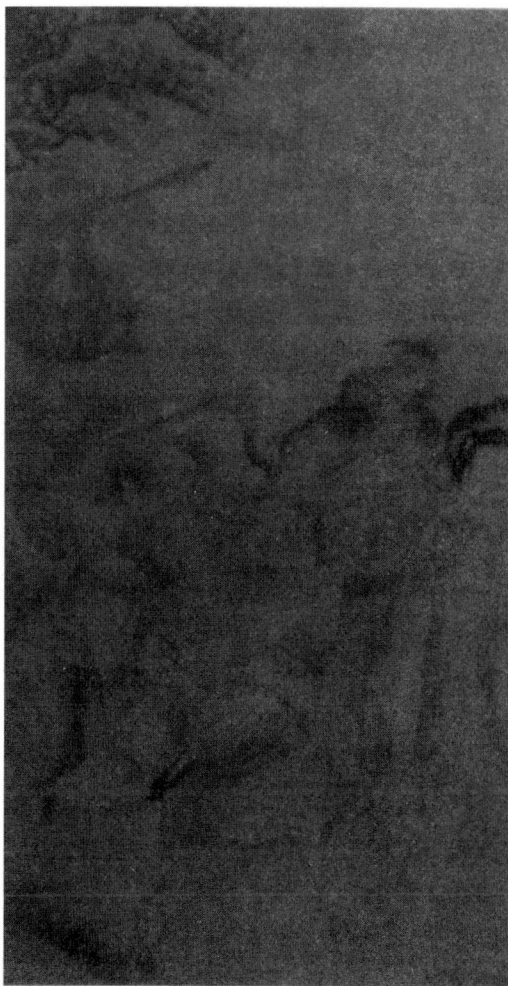

《搜山图》（部分）。无款。据民间传说，表现二郎神
搜山降魔的故事。

宋室灭亡

至元十六年（1279）二月，陆秀夫背着小皇帝赵昺投海而死，宋室灭亡。

德祐二年（1276），宋廷向伯颜投降时，陈宜中、张世杰等人带着益王赵昰。
广王赵昺逃离临安，从海上来到婺州，接着到达温州。伯颜知道后急派5000

人马追赶，但没有追上。五月，赵昰在福州即位，称端宗，改元景炎，册封杨淑妃为太后，赵昺为卫王。当时赵昰年仅9岁。十一月，元将董文炳攻进福建，赵昰被张世杰、陆秀夫一批大臣护送逃往海上，打算在泉州下船，但被宋闽广招抚使蒲寿庚拒绝，只得逃亡到潮州，再从海上来到惠州。次年四月，在官富场营建宫殿，逃亡的王室暂时在官富场落脚下来。宋军的残余势力以官富场为基地，出兵收复了闽粤沿海很

陆秀夫负帝昺投海图

多城市，但不久又被元军打败夺去。元军分路攻击，张世杰等人带着两个皇族逃到秀山。十二月，赵昰又坐船下海，在井澳附近，赵昰的坐船遭到元军袭击，张世杰拼死护驾打败元军，赵昰却因此受了惊吓。景炎三年（1278）春天，陈宜中打算带着小皇帝逃往越南，遭到大臣的反对，结果在硇洲岛停下来。端宗因为受惊吓过度，在硇洲岛上病死，时年11岁。张世杰又拥立赵昺即位，改元祥兴。

至元十五年（1278）六月，因为雷州的失守，张世杰带着赵昺撤至厓山（今广东新会南），在那里建筑工事，企图凭借险要地形久守。1279年，元将张弘范、李恒围攻厓山，用火攻将宋军打败。陆秀夫看到大势已去，背着8岁的小皇帝赵昺跳海而死。张世杰保护杨淑妃突围，在海上遇到飓风，结果在海陵港翻船溺死。南宋的最后一支军队全军覆没，宋朝彻底灭亡。

朱学立为官学

13 世纪，崛起于漠北的蒙古族人在入主中原的过程中也开始进入了封建化的过程。为加速封建化的进程，他们吸取了以儒学为主体的汉族思想文化。

元朝建立后，朝廷进一步推行尊儒礼士的政策，儒士继续得到重视，使南宋仅传播于王朝所在的东南一隅的理学传播到了北方。而且成为钦定的官学。

朱熹是南宋的大理学家，他的理学在南宋理宗时在思想界已取得了正宗地位，被统治阶级利用，影响力很大。他的追随者在南宋灭亡后，把他的思想迅速传播到了北方。

元代的统治是建立在民族压迫和阶级压迫的双重基础之上的。朝廷除了依靠武力统治之外，还迫切需要一种能维护其统治的精神力量，用以对被统

溪桥铜镜

治的各族人等进行贵贱等级制度的道德说教，而理学中的道德伦理思想的消极部分正适应其需要。因而程朱理学被元朝统治者所独尊，也导致了理学中的蒙昧主义的倾向日益增长，反映了理学发展的趋势。

赵复是理学的硕儒，被元军俘获后在燕京（今北京）开办太报学院，在学院讲授"程、朱二氏性理之书"，"游其门者百余人"（姚燧《牧庵集》卷十五）。赵复将带来的程朱传注送给姚枢，姚枢又将程朱之书授予儒士许衡。赵复和姚枢、许衡、窦默等一起讲习性理之学。自此，理学开始在北方广泛传播。

被任命为国子祭酒的许衡，将程、朱的著作作为国子学的基本教材，扩大了理学的影响。朝廷礼请"遗逸"，一些理学儒生便应诏出仕。元仁宗皇庆二年（1313）十一月，朝廷宣布恢复科举制度，考试办法以朱熹的《宣举私汉》为蓝本，考试内容确定为"四书"，以朱熹的注释为准。"五经"以朱熹及其门人的注释为准。由此，朱学便取得了官学的地位。

这时，许多理学家的著作，都由政府雕版刊行。由于官方的大力提倡，"我国家（元朝）尊信其学，而讲诵授，受必以是为则，而天下之学皆采子之书"（虞集《道园学古录》卷三六），以至于"海内之士非程朱之书不读"（欧阳玄《圭斋集》卷九）。这说明在元代思想文化界，程朱理学已完全确立了独尊地位。

李冶退隐研究数学

1232年，蒙古军攻破钧州，时任钧州（今河南禹县）知事的李冶弃职北走，隐居于崞山（今山西崞县），以研究学问为乐。1251年回到元氏封龙山隐居讲学，与张德辉、元裕友善，号称"龙山三老"。1265年李冶一度应召为元朝翰林学士，编写辽、金、元历史，但仅任职一年即以老病辞去，继续隐居龙山，直至去逝。

李冶（1195~1279），字仁卿，号敬斋，真定栾城（今河北栾城县）人。李冶放弃功名后，毕生从事数学研究。他认为数学来自客观自然界。他的主要数学著作有《测圆海镜》12卷（1248）、《益古演段》3卷（1259），《泛说》40卷，《敬斋古今黈》40卷，《文集》40卷，《壁书丛削》12卷等。其中《泛说》、《文集》和《壁书丛削》已佚，现传残本《敬斋古今黈》有《泛说》的引文。

《测圆海境》是现存最早的天元术代表作，也是古代勾股容圆问题的总结性著作。天元术是建立代数方程的一般方法，相当于现在的"设某某为X"并由此建立方程。由于所设未知数称天元，这种方法被称为天元术。天元术设定"天元一"为未知数，根据问题的已知条件列出两个相等的多项式，经相减后得出一个高次方程（天元开方式）。其表示方法为：在一次项系数旁记一"元"字（或"太"字），"元"字以上的系数表示各正次幂，以下的系数表示常数和各负次幂。这是中国符号代数学的开端。

《测圆海境》在几何学方面也有突出成就。该书卷二第 1 ~ 10 题给出了10 条基本的勾股容圆公式，把中国古代对勾股容圆问题研究的最重要成果概括出来。李冶在书中将勾股形分成 14 个相似的小勾股，得到 692 条"识别杂记"和 9 种容圆，其"识别杂记"的 692 条中有 684 条正确，相当于对"圆城图式"中的 14 个相似勾股形之间的线段关系给出了 684 条定理。这些对几何学的发展起了很大作用。

《益古演段》是李冶另一部重要代表作。是用天元术解释蒋周所著的《益古》（约成书于 1078 ~ 1224 年）。"演段"就是对方程式系数的演算。当时称"条段"。全书 3 卷，64 题，主要由平面图形的面积反求圆径、边长、周长等，引出二次方程求解。在列方程时，李冶将代数方法——天元术与蒋周使用的几何法——条段法相对照，作为学习天元术的入门书。书中天元式的写法采用元在太下即由未知数的底次幂到高次幂自上而下的排法至今为人们所沿用。

李冶的数学成就，特别是天元术，是中国古代数学的杰出创造，显示了当时数学的高度发达。他的两部数学著作不仅是现存最早的，也是最系统、最完整的天元术著作。

清代学者对李冶的数学著作给以高度的评价。阮元认为《测圆海镜》是"中土数学之宝书"；李善兰称赞它是"中华算书实无有胜于此者"。

关汉卿作《窦娥冤》

关汉卿是著名的元代杂剧作家，名不详，号已斋，一号一斋，大都（今北京市）人。关于他的籍贯，还有祁州、解州等几种不同的说法。

关汉卿画像

　　关汉卿大约生于金末或元太宗时（1210 年前后），元钟嗣成《录鬼簿》说他曾任太医院尹，《析津志》也说他"生性倜傥，博学能文，诙谐多智，蕴藉风流，为一时之冠"。在元代杂剧四大家中，关汉卿为四人之首，具有很高的艺术成就和历史地位。关汉卿生平多与当时大都一带的著名杂剧、散曲家及艺人来往，商酌文辞，评改作品，并有时亲自登台演出，于创作之余，过着"射践排场、面敷粉墨"的书会才人生活。

　　关汉卿著有杂剧 67 部。现仅存 18 部：《邓夫人苦痛哭存孝》、《包待制三勘蝴蝶梦》、《诈妮子调风月》、《关大王单刀会》、《赵盼儿风月救风尘》、《闺怨佳人拜月亭》、《杜蕊娘智赏金线池》、《关张双赴西蜀梦》、《望江亭中秋切鲙旦》、《温太真玉镜台》、《钱大尹智勘非衣梦》、《感天动地窦娥冤》、《尉迟恭单鞭夺槊》、《钱大尹智宠谢天香》、《山神庙裴度还带》、《状元堂陈母教子》、《刘夫人庆赏五侯宴》《包待制智斩鲁斋郎》。

在现存关汉卿的杂剧作品中，曲白俱全者15部；《调风月》、《拜月亭》、《西蜀梦》3部曲文完整，科白残缺。另有《唐明皇哭香囊》、《风流孔目春衫记》、《孟良盗骨》3部，仅存残曲。

在现存关汉卿的18部杂剧中，《窦娥冤》为最重要的代表作。《窦娥冤》是关汉卿晚年的作品。其题材源于《汉书·于定国传》和干宝《搜神记》的"东海孝妇"故事。关汉卿在编撰时结合元代生活的实况，成功地塑造了窦娥的艺术形象，描写了她一生的悲惨遭遇。窦娥年幼时因家贫被卖给蔡家做童养媳，婚后丈夫身亡，婆媳相依为命，蔡婆婆出门索债，被赛卢医骗到城外，企图谋财害命。恰值张驴儿及其父路过，救活蔡婆婆并借此占住蔡家，并强迫他们婆媳与张驴儿父子结成夫妻，窦娥坚决拒绝。张驴儿阴谋毒死蔡婆婆，反而毒死了他父亲，他转而诬陷窦娥。官府严刑逼供，窦娥为救护婆婆，屈打成招，被判处斩刑。临刑之前，窦娥发下3桩誓愿：一是刀过头落后，一腔热血飞洒在丈二白练之上；二要六月降雪，掩盖她的尸体；三是要当地大旱3年。后来誓愿一一应验。3年后，朝廷派其父窦天章任两淮提刑肃政廉访使，去审查案卷，窦娥鬼魂向父诉说冤情，终于申雪了冤枉。《窦娥冤》对封建社会黑暗、腐朽的政治进行了有力的抨击，窦娥的悲剧是封建时代暗无天日的社会现实的产物。关汉卿强烈地抒发了那些长期遭受压迫的人民群众的无可诉苦的反抗情绪。

在关汉卿笔下，窦娥的形象有血有肉，个性十分突出。她心地善良，舍己为人。为了救护婆婆，宁愿身受斩刑，在绑赴法场的途中，她还嘱咐刽子手不要从前街走，不愿让婆婆看见她无辜被斩而痛心。她秉性正直刚强，一口拒绝了张驴儿的逼婚，她的头脑里本来充满孝顺、贞节等封建伦理观念，然而在实际生活中却一步一步被逼到刽子手的刀下。这时，她对那吃人的社会感到绝望，但并不甘于向命运低头，就向日月、鬼神、天地发出了呵骂："有日月朝暮悬，有鬼神掌着生死权。天地也，只合把清浊分辨，可生生糊突了盗跖、颜渊：为善的受贫穷更命短，造恶的享富贵又寿延。天地也，做得个怕硬欺软，却原来也这般顺水推船。地也，你不分好歹何为地？天也，你错勘贤愚枉做天！"在这里，窦娥大胆的反抗性格得到淋漓尽致的表现。她对天地的怀疑和责难，实质上就是对封建制度的责难和控诉。

关汉卿的杂剧具有强烈的现实性。关汉卿的时代，政治腐败，社会动荡，

047

民族矛盾和阶级矛盾突出，人民生活在水深火热之中。关汉卿的杂剧深刻地再现了元代的社会现实，具有浓郁的时代气息。关汉卿非常重视舞台实践，因此他的优秀作品有着长期的舞台生命。在关汉卿的杂剧中，情节的进展自然而有层次，人物和事件的安排都符合舞台演出的要求，甚至剧中次要人物的出场都是不可或缺的，可见关汉卿的戏剧功力之深。关汉卿熟悉百姓语言，努力吸收和提炼人民的口头语言，丰富自己的艺术再现力，在文学语言方面开一代风气之先。

关汉卿是一位伟大的戏曲作家，在中国戏曲史上占有重要地位，被后人列为"元曲四大家"之首。他的《窦娥冤》是元代杂剧杰出的代表作。

《授时历》完成

至元十七年（1280），许衡、郭守敬、王恂奉诏编成新的历法《授时历》。第二年元世祖忽必烈诏令颁行全国。这是当时世界上最精确的历法之一。

元朝建立初期，虽颁行使用扎马鲁丁的《万年历》作为历法，但并未广泛使用，北方一般仍以金代《大明历》为历法，南北不一。忽必烈深受汉族文化的影响，把西域历法、西域仪象、上都司天台和《万年历》均排斥于"正宗"之外，决心继承发展传统的中国天文学，命令制订新历法，成立新的治历机构太史局，由许衡、王恂、郭守敬等负责。王恂、郭守敬等人研究分析汉代以来40多家历法，吸收各国精华，力主制历应"明历之理"（王恂语）和"历之本在于测验，而测验之器莫先仪表"（郭守敬语），采取理论和实践相结合的科学方法，取得许多重要成就。郭守敬为制历创制了多种天文仪器，如简仪、高表等12种。通过新制仪器的观测验证，考证了7项天文数字。进行大规模的天体测量，郭守敬主持了27个地方的日影测量，北极出地高度和二分二至日昼夜时刻的测定。在大都，通过数百次的晷影测量、测定冬至时刻。郭守敬还结合历史上可靠材料，推算出一回归年的长度为365.2425日，同现在世界上通用的公历值一样。王恂、郭守敬还发展了宋元时代的数学方法，创立"招差法"新数学方法，求出5项日月运行的资料。测定新的黄赤大距为今制23° 33′ 33″ 9，与用近代理论推算的23° 32′ 0″ 8十分接近，这些数据为《授时历》的推算提供了很好的基本数据。

经过 4 年努力，《授时历》终于完成，它考证了 7 项天文数据；计算出 5 项日月运行的新数据；采用郭守敬首创的弧矢割圆术来计算太阳黄道与赤道积度；采用百进位制表示小数部分，提高计算精度；废弃上元积年法，以至元十八年冬至时刻为历法历元；推算回归年长度为 365.2425 日，与现行公历相同，比欧洲格里高利历早 300 多年，反映了测量的高水平，也说明《授时历》有很高的精度。

《授时历》是中国历史上最著名的历法之一，它集古代诸历之大成，体现了中国传统天文学体系，成为中国历史上行用最久的一部历法，为天文学的研究和发展提供了绝好的材料。

郭守敬主持大都天文台

郭守敬（1231 ~ 1316），字若思，顺德邢台（今河北邢台市）人，是元代著名的天文学家、仪器制造家、数学家和水利专家。至元十六年（1279），他奉命主持大都天文台工作。至元十三年（1276），元世祖忽必烈诏命改治新历，命王恂、郭守敬率领南北日官多人负责测验和推算，并命能推明历理的许衡负责这项工作。郭守敬认为："历之本在于测验，而测验之器莫先仪表。"此言得到大家的赞同。于是他们首先去位于大都城南原金中都的候台去考察，发现金代从宋都汴梁掠来的天文仪器多有误差不可用，于是将这些宋代古仪移置他处而研制了许多新的天文仪器。

至元十六年（1279）春，朝廷在大

郭守敬像

都东城墙开始兴建大都司天台。据有关文献记载，可知这是一个规模很大的天文台。当时太史院墙长约123米，宽约92米，院内建有一座高达7丈分3层的天文台。第一层南屋是太史令等天文台负责人的办公室，向东的房间是负责推算的工作人员，向西的房间是负责观测和计时的工作人员，向北的房间为仪器储藏室及管理人员。仅推算、测验、漏刻三局就有70个工作人员。第二层按离、巽、坤、震、兑、坎、乾、艮八方分成8个房间。它们分别是观测准备室、图书资料室、天

郭守敬发明的仰仪

球仪和星图室、漏壶计时室、日月行星室、恒星室等专业工作室。最上一层为观测台，北有简仪，中有仰仪，西有圭表，东有玲珑仪，南边是印历工作局、堂、神厨和算学的建筑。

从以上介绍可以看出，元大都司天台规模宏大，人员众多，组织严密，设备齐全，是当时世界上最完善的天文台之一，也是中国历史上功能最好的天文台之一。

大都天文台不仅以其规模和功能设计冠绝一时，更令人注目的是该台拥

郭守敬设计的简仪

有的观测仪器，都是当时世界上极先进的，在天文学发展史上也占有极重要的地位。

　　首先要提到的是郭守敬所创制的简仪，它是对传统浑仪进行重大革新并应用了许多新发明后制成的天文仪器。它是世界上第一台用一高一低两个支架支撑起极轴的赤道仪，也是世界上第一台集测赤道坐标和地平坐标于一仪的多功能综合测量仪，开创了在仪器上同时设置使用附加设备的先河，并一改传统的圆周分割法，将一圆周分成3600分，使刻度与读数更加精确和方便。此外，该仪也是世界上首次采用滚柱轴承的机械。

　　列在第二位的天文仪器是仰仪，它是中国和世界上首次出现的一种新型仪器，可从仪器上读出太阳的去极度、时角和地方真太阳时，特别是发生日食时，日食全过程以及各阶段的位置和时刻，均可连续记录下来。仰仪解决了以前观测太阳时观测者光芒刺眼的苦恼，使仰视观测变为俯视观测，它是世界上第一架太阳投影的观测仪。

　　此外还有玲珑仪，但《元史》对此记载很少。学者们持有两种不同的观点，一种认为是浑仪，另一种意见认为是假天仪。从相关记载及学者考证看，玲珑仪是浑仪的可能性较大。

　　大都司天台上的主要观测仪器除上述3种外，还有位于台西的高表。至于浑象、漏刻等仪器则放在第二层台上。这种将仪器放在台顶，演示及辅助仪器置于台下的布置，与今日天文台类似，是非常科学的布局。《元史》记载，郭守敬为该台设计制作的仪器有 13 件。该台建成之际，郭守敬还向忽必烈奏呈仪表式样。

蒲察都实初探黄河源

黄河是中华古代文化的摇篮，人们对黄河之水从哪里来一直都极为关注。至元十七年（1280），元世祖忽必烈为在黄河源头兴建一座城市，任命都实为招讨使，佩戴金虎符，率领大批人员深入青海，进行了中国历史上第一次有组织的河源实地考察活动。

都实，姓蒲察氏，女真族人，元初曾任乌斯藏路督统和招讨元帅等职，三次到过吐蕃地区，比较熟悉青海一带的地理情况。

都实经过 4 个月的长途跋涉终于到达河源地区，详细考察了星宿海、扎陵湖、鄂陵湖

黄河源碑

以及河源的几个支流，第一次实地勘察了黄河河源地区的地理、人口分布、动植物情况。当年冬天，都实等回京复命，"并图其城传位置以闻"。此次考察成果，记载于《元史·地理志·河源附录》中，成为中国正史记载河源情况的最早资料。

黄震修正程朱理学

宋元之际的黄震（1213 ~ 1280），字东发，浙江慈溪人。黄震是学者辅广的三传弟子，少年时家庭清贫，"亲首种田"，后又"授书糊口"，曾以"浙间贫士人"自称。宋理宗宝佑四年（1256），黄震中进士，历任地方官职。他关心国事，敢于陈言时弊，曾针对"宫中建内道场"之事，建议朝廷"罢给僧、道度牒，使其徒老死即消弭之，收其田入，可以富军国、舒民力"《续资治通鉴》卷一七八），因而被"批降三级"，此后一直未受重用。1276 年，南宋覆亡，黄震即隐居宝幢山，"誓不入城市"，"饿于宝幢而卒"（《宋元学案·东发学案》）。

黄震一生不盲目信从朱熹，他具有批评和修正程朱理学的思想和风格，是朱熹后学中具有独立思考的知名学者。黄震留下的主要著作有《黄氏日抄》、《古今纪要》、《古今纪要逸编》等。

在继承朱熹"天理论"的同时，黄震对朱熹关于"道"（"理"）的观点作了某些修正。他坚持"道"在事中的观点，否定"道"在天地人事之外的观点。他从"道"在事中的观点出发，表彰孔子把"为国之事"视为"行道救世"的具体表现。

黄震在继承程、朱"性即理"的观点的同时，同样认为"性"是人与物所禀赋的"天理"，对程、朱"性"论进行修正。他十分称道孔子的人性学说，指出只有孔子的"性相近"说是最"平实"的人性学说，认为它超过后来相继出现的人生学说，不仅包含"气质之性"，而且也包含了"天地之性"。他反对奢谈人性，竭力反对宋儒奢谈虚远玄妙的"性"与"天道"问题，而主张多探讨些有关"治国平天下"的实事。

在继承程、朱认识论和修养论的基础上，黄震对此也进行了修正。他不赞成程、朱的所谓圣人"生知"说，强调"圣人"与普通人一样，都是要学而知之。他认为后天的读书学习对人的知识成长具有决定作用。

他还反对陆九渊的"用心于内"的"心学",认为是"近世禅学之说"。他虽然赞同程、朱的"主敬"说,但反对二程的"静坐"主张。

此外,黄震对理学"道统"论也有所怀疑与批抨:

其一,他对理学家们津津乐道的以"道心"、"人心"为内容的所谓"人心惟危,道心惟微,惟精惟一,允执厥中"的"十六字心传"表示怀疑。他认为"圣贤之学","人人所同,历千载、越宇宙有不期而同,何传之云!"

其二,他认为,所谓"道统"之"传",只不过是"前后相承之名",没有什么神秘性。

其三,他认为"道经"之"道",是指圣人的"治道"。所谓以"道"相传,就是"以明中国圣人皆以此道而为治也"。

其四,他反对那种把"道统"之"传"说成是"若有一物亲相授受"的观点,认为它是因袭了佛教传授衣钵的说法。

总的说来,黄震的学术思想虽仍属于程朱理学的范畴,但他对其的某些修正却具有一定的思想价值。

元朝

1281A.D. 元至元十八年

八月，攻日本军遭风，10 余万人只 3 人生还。

十二月，开河于胶、莱以通海运。理学家许衡死。回回大师阿老丁在杭州建真教寺，还在广州建怀圣寺。

1282A.D. 元至元十九年　十二月，杀宋丞相文天祥。

1283A.D. 元至元二十年

十月，黄华降而又反，称宋祥兴五年，攻崇安等县，寻败死。

1284A.D. 元至元二十一年　六月，遣人分道测晷影、日月交食。

1285A.D. 元至元二十二年

四川赵和尚诈称宋王子，真定民刘驴儿自以有异相，皆谋起事，不成，死。

六月，命女真、水达达造船备攻日本。

1286A.D. 元至元二十三年　颁行《农桑辑要》。

1287A.D. 元至元二十四年

正月，大发水陆军攻安南。三月，更造至元钞，一抵中统钞五。

1289A.D. 元至元二十六年

三月，浑天仪成。前宋江西招谕使谢枋得数拒征，至是被迫至大都，不食死。

六月，开安山渠成，赐名会通河，凡 250 里，役工 250 余万。

1281A.D.

西班牙卡斯提尔与雷盎王阿尔封索十世卒，桑绰大王（外号勇者）继位。

1282A.D.

弗罗伦萨之大基尔特（共 7 个）开始完全掌握市政。

汉撒同盟在伦敦设立商栈——斯体尔雅尔德，自此逐渐控制大部分英国国外贸易几达三世纪之久。

1288A.D.

埃尔托格鲁尔卒，其子奥托曼继承阿塔贝格（总督）之位置。奥托曼土耳其人之名，自此时开始。

1289A.D.

埃及之玛美琉克团陷的黎波里，十字军在东方所组之四封建国家，至此荡然无存。

1290A.D. 但丁著成《新生》。

上都留守司设立

　　至元十八年（1281）二月，元上都留守司设立。

　　上都工程早于大都完成，由宫城、皇城和外城组成。外城约为正方形，边长约2200米，用黄土板筑成。皇城居于外城东南角，亦为方形，边长约1400米，用材亦为黄土板，表层石块堆砌。宫城在皇城中央偏北，东西570米，南北620米，其中心建筑大安阁仿建汴京熙春阁而成。离城不远，有所谓"西内"，是专供皇帝宴游的场所。

北京元大都和义门瓮城城门遗址

元上都宫殿建筑遗物白石螭首　内蒙古锡林郭勒盟正蓝旗

元上都主要宫殿遗址　内蒙古锡林郭勒盟正蓝旗

中统四年（1263）五月，忽必烈将开平府升为上都路，设总管府。至元三年（1266）七月规定将此当作皇帝巡幸时的留守司，本年二月正式设留守司，下设上都警巡院、兵马都指挥使司、司狱司、捕盗司、虎贲卫亲军都指挥使以及其他诸司机构。中书省、枢密院、御史台、大司农司、翰林国史院等中枢机构，都在上都留守司设有衙署，以供职守之用。

文天祥就义

至元十九年（1282）十二月九日，文天祥被囚3年后，在大都英勇就义。

文天祥（1236～1282），南宋大臣、文学家。字履善，号文山，吉州庐陵（今江西吉安）人。至元十二年（1275）元军进逼临安时，文天祥在赣州组织武装自卫。1276年任宰相赴元营谈判，被扣，后于镇江逃脱。临安失守，文天祥便与陆秀夫等拥立赵昰赵昺，辗转于东南沿海各省继续抗元。1278年文天祥被俘，忽必烈劝降未果，文天祥忠烈英名，认为只能以死谢国，囚禁3年期间写下了许多诗文，大部分收入《指南录》中，其中《过零丁洋》（归入《指南后录》）、《正气歌》

文天祥像

北京文天祥祠。文天祥被俘后在此关押，直至就义。

等诗脍炙人口，广为传诵，是为名篇。《过零丁洋》一诗用以明志，心志不变，以身殉国而在所不惜，正所谓"粉身碎骨浑不怕，要留清白在人间"。至元十九年（1282），文天祥以死实践了他的"人生自古谁无死，留取丹心照汗青"的信誓。作为南宋一代名臣，此后为历朝忠烈之臣所效仿，留芳百世。后人将其著作辑为《文山先生全集》。

元代理学家许衡入仕

许衡（1209～1281），字平仲，金代河内（今河南沁阳）人，著名理学家，学者称他为鲁斋先生。他随姚枢学习程朱理论，抄录了《伊川易传》和朱熹的《四书集注》、《小学》、《或问》等书。由于他在理学方面的成就，元朝建立后，即被重用，并被任命为集贤殿大学士兼国子祭酒，用儒学六艺教蒙古子弟学习汉语，不仅促进了元王朝推行"汉法"，而且对汉蒙两种文化交融作出了积极的贡献。

许衡在理学方面的成就对维护元朝的统治起了不可低估的作用。许衡的侧重封建伦理道德的理学正是受元代统治者重视的根本原因。

许衡继承了朱熹"天即理也"的思想，以"理"为最高本体。他和朱熹一样，认为"太极"与"理"是绝对本体，认为"天下皆有对，惟一理无对，便是太极也"。但他又提出"太极"之先，还有"道"，而把"道"置于"太极"之上，这就出现了自相矛盾。

许衡之所以在"理"本论中出现矛盾现象，是和他本人对自然科学的丰富知识有关，这也正是他在运用气化观点阐述天地万物生成变化中，具有朴素唯物论的思想倾向之原因所在。所以许衡在继承朱熹学说时，仍无法将朱熹的"理"本论与气化观点相矛盾的问题予以解决。

许衡为了突出内省正心的重要，片面强调性是天所命也，是天理之赋于人者，他说："仁义礼智信是明德，人皆有之，是本然之性，求之在我者也，理一是也。"这样说来，性就不是客观天理的体现，而是人心所固有的形而上之中。也就是说，天理即在人心之中。这就为他的直悟本心、"反求诸心"的观点奠定了理论基础。

既然天理在心中，心可以主宰万物，因而许衡不仅把"正心"看作是修养的根本，而且还看作是治国平天下的根本。许衡的"正心"内涵，实际上就是以封建的伦理纲常为准则，要把人的一切思想和行为，都变"正"到"天理"上来，消除引起"心不正"的"人欲"。"存天理，灭人欲"的主张强化了理学中的禁欲主义色彩。

在为学方法和修养工夫方面，许衡强调"必以心为主"，也就是说，为学和修养应以内心工夫为主；在"道问学"与"尊德性"问题上，他主张二者不可缺一，但必须以"尊德性"为主。并提倡道德践履之学，他从心性本原出发，进而提倡道德践履，然后又把朱熹的知行学说进一步道德伦理化，强调"父子之亲、君臣之义与夫妇长幼朋友，亦莫不各有当然之别，此天伦也。苟无学问以明之，则违远人道，与禽兽殆无少异"。也就是说，学问之道，就在于明人伦和行人伦而已。由此可以看出，许衡的理学内容，侧重于道德伦理，意图普及封建的道德教化。

白莲教全盛

白莲教作为中国民间宗教，渊源于佛教净土宗。南宋绍兴（1131 ~ 1162）年间，吴郡昆山（今江苏昆山）僧人茅子元（法名慈昭）在宋代流行的净土结社的基础上，创立了白莲宗。到了元代，白莲宗与弥勒信仰相结合，演变发展为白莲教。白莲教的兴起，是儒、佛、道三教合流思潮向社会下层扩散，与民间信仰相结合的产物；是社会上下矛盾加剧，民众自信自保和反抗性增强的表现。

白莲教的早期形态白莲宗，教义上信奉阿弥陀佛，要求信徒念佛、持五戒（不杀生、不偷盗、不邪淫、不妄语、不饮酒），以期往生西方净土。组织上，白莲宗一改净土结社的松驰状态，建立师徒相授、宗门相属的紧密教团组织，徒众以"普觉妙道"命名。南宋时，白莲宗自行结社聚众方式被朝廷以"事魔邪党"罪名而查禁，但由于其教义、修行很合下层民众心理需要，仍得以传播、发展。元朝统一全国后，朝廷承认支持白莲宗的活动，这时，白莲宗与弥勒信仰结合，进而演变发展为白莲教。白莲教以"普化在家清信之士"

为号召，形成了一大批有家室的职业教徒，称白莲道人。元代由白莲道人组成的堂庵遍布南北各地，聚徒数千，规模很大，堂庵供奉阿弥陀佛、观音、大势至佛像，上为皇家祝福祈寿，下为地方主办佛事，也做修路等善举。堂庵因拥有田地资产，主持者往往世袭，其财产实际上也为世传家产。有的与地方官府相勾结，成为地方一霸。但由于其教义又吸收了摩尼教义，崇尚光明，相信光明定战胜黑暗，"弥勒出世"可以解救世人于苦难，白莲教也逐渐成为下层人民反抗元廷统治的旗帜，下层人民纷纷入教，自上而下信仰白莲教者数以万计，白莲教在元代达到全盛。

元朝统治初期，由于对白莲教的性质并不十分了解，统治者曾采取扶持政策，使白莲教进入空前的全盛时期。后来因白莲教众以此集众生事，同政府对抗，1308年，朝廷下令禁止，仁宗时恢复其地位，英宗即位后又禁断。元末由于政治腐败，民族矛盾和阶级矛盾趋于激化，广大汉人起来反元，白莲教便成为起义的旗帜和组织形成。此后农民起义风起云涌。白莲教及其武装红巾军在推翻腐朽的元朝、建立新生的明朝的事业中，起了决定性的作用。显示了以白莲教为主的民间宗教所蕴藏的巨大威力和反抗精神。

忽必烈排斥道教

至元十八年（1281）十月，忽必烈下令清理道教经典。他听从张易的谏言，说道教书籍除了《道德经》这本书是老子亲自写的外，其他都是假的，应该烧掉，所以将除《道德经》以外的经典著作全部烧毁。

正如前面文章介绍，元朝历代都崇奉佛教。佛道相争由来已久，自魏太武帝到唐会昌年间，从蒙古国到元朝，先崇奉道教后又宠爱佛教，经历了两次大辩论。

1222年6月，成吉思汗召见丘处机（全真道道士），并免去道士的差役和赋税等。丘处机在大雪山受赏，从此掌管天下道门。全真道迅速崛起并超越了佛教的优越地位，双方矛盾上升。蒙古统治者也有疑忌。全真道士在1255年和1257年两次释道辩论中都败给佛教子弟。于是，蒙哥汗下命焚烧道家所藏的假经典，又把一些道士的头发剃掉使他们成为僧人，道教地位大大削弱。

至元十七年（1280）四月，大都发生了僧道两方聚众斗殴的事件，忽必烈杀了为首的两名道士，又将 10 名道士的耳鼻割掉。第二年，他召集僧道诸门及翰林院文臣在长春宫辩论《老子化胡经》的是非，结果以胆巴为首的道教派又输了。于是忽必烈下令把除《道德经》以外的道家书籍全都烧掉，并命令全国都执行。

这次大焚书，虽然在全国没有得到完全执行，但是，道家势力却受到沉重的打击。

高利贷"斡脱"盛行

至元二十年(1283)五月，元朝设立了"斡脱"总管府。

"斡脱"是蒙古语 Ortog 的音译，原意是"合伙"，转意译为"商帮"，专指经营高利贷的官商。从成吉思汗后期开始，蒙古贵族便提供本银，委托中亚木速蛮商人（元代对伊斯兰教徒的通称）放发高利贷，坐收渔利，发放的钱款就叫做"斡脱钱"，年息高达 100 %，次年息转为本，利滚利式经营。当时有人称之为"羊羔息"。由于这种高利贷本息相生，因此许多借款的户民甚至官商都破了产。到了窝阔台时期，朝廷便下令禁止利生息，息

《新元史》关于斡脱钱的记载

061

转为本，全部利息不得超过 100%。

元朝成立后，那些持有圣旨、谕旨的贵妃皇室成员继续经营此业。他们另立户籍，称为"斡脱户"，并有总统府、斡脱所等专门管理机构。这些人每年进贡给朝廷和当官者大量钱财和奇珍异宝，有些良臣指出要加以限制，但元廷反倒给那些斡脱户许多特权，例如使用驿站、减免课税等。斡脱愈加盛行。

追斡脱债，对百姓为害极大，他们常因还不起钱而倾家荡产。为了防止有人逃债，朝廷于元贞元年（1295）二月，下令将因还不起债逃跑的人量刑定罪，并用钱奖励那些告状的人。因此，斡脱高利贷不但没有受到限制，反而愈演愈烈，成为当时社会的一大弊病。

元建海运业

为适应对辽阔海疆的统治，元政府在建设完善的驿站体制的同时，建立了兴盛的海运业。海运业的迅速兴起和繁荣是中国交通史上的一件大事，它标志着元代交通运输的巨大进步。

秦汉以来，近海短途航运曾多次被开拓，但航行距离，货运量都十分有限。1276 年，元军攻占南宋的都城临安（今浙江杭州）后，大将伯颜就命朱清，张瑄将获取的南宋府藏图籍从崇明洲（今上海崇明）经海上运往京师，这是元朝海运业的开端。

忽必烈统一全国以后，鉴于江南税粮需大量北运，运河漕送不畅通，水陆转运十分不便，而且劳民伤财，于 1282 午，采纳了伯颜的建议，试办海运，将 4.6 多万石粮食由海上运往京师。航行途中遇到信风，避风于山东刘家岛（今山东蓬莱县境内），第二年抵达天津直沽。这次首航，是元代海上运粮的开始。这一年，朝廷设立了 2 个万户府，以朱清为中万户，张瑄为千户，忙兀䚟为万户府达鲁花赤。1287 年设立行泉府司，专门掌管海运。又增置了 2 个万户府。1288 年设立 2 个漕运司，一个在直沽河西务，接运南方的粮食和物品，一个是京畿都漕运司，负责将直沽的粮食运往大都。1291 年，在朱清、张瑄的奏请下，朝廷将 4 府合为 2 个都漕运万户府，分别由他们两人掌管。

元代战船在海上实战的情形

1283 年以后，从江南海运到大都的粮食逐年增加，最多时一年达 350 多万石，确保了大都的粮食供应。与陆运、河运相比，海运省时、省力、省费用。据估计，河运比陆运节省 30% ~ 40% 的费用，而海运可节省 70% ~ 80%。

元政府先后开辟了三条海上航线，前两条是朱清、张瑄开辟的。1293 年，海运千户殷明略又开辟了自刘家港（今江苏太仓浏河）入海，经黑水洋、蓬莱沙门岛，在此进入海河的航运线路。如顺风，全程仅需 10 天左右，十分便捷。

在海运业迅速发展的同时，沿海港口也逐渐兴起。太仓、密州、登州、上海、直沽的港口都能停泊巨大的船只。直沽是当时北方最大的港口。

海运的发展和兴盛，保证了元朝政府的粮食供应，促进了南北物资交流，加强了各地的经济联系，也推动了航海技术的发展，具有划时代意义。同时，海运的发展还促进了内河航运的长足进步。元代整治后的大运河，进一步提高了五大水系的航运能力，对经济文化联系的加强起到了不可估量的积极作用。

元钞成为货币主体·中国最早使用纸币

元代纸币的发行并成为货币主体流通，使中国成为世界上最早使用纸币的国家，在世界货币发行史上具有重要意义，对周边的许多国家也产生了深远的影响。

和金属货币相比，纸币具有工本费低的优点而被元统治者所认识。在此之前的宋代和金代均发行过纸币，但都是在一定地区流通的，其货币主体仍是金属货币，纸币只是辅助性货币。而且在流通过程中出现过严重的财政危机和混乱现象。

忽必烈即位后，中央政府开始发行统一的纸币，元统一后，纸币成为货币主体通行全国。

元代前后共发行了 5 种纸币。

至元二十四年（1278）发行的"至元通行宝钞"

中统元年（1260），中书省以丝为本，各种物价以丝价为准折算，发行交钞（又称丝钞）。这年十月，中书省又以银为本，发行了面值十文至二贯共计十等的中统元宝钞（简称中统宝钞、中统钞），二贯与白银一两等值；同时还发行了中统银贷，分一两至十两五等，与白银等值。中统钞是元朝的主要货币种类，通行了整个元代，在支付时常作为计算标准，因而很有地位。此外，政府于 1287 年发行了至元通行宝钞，1309 年又发行至大银钞，1350 年再发行中统元宝交钞，又称至正交钞等。

　　作为货币主体，元代纸币在
全国范围内通行，据文献记载，
岭北、西北、西藏、云南等少数
民族地区都可通用。政府赏赐诸
王将士，购买军需品及各种商品，
均使用纸币。王恽把中统钞的优
越性归纳为：难得、经费省、银
本常足不动、伪造者少、比金银
更受重视、币实不虚、不贬值、
物价平稳七点，这比较符合中统
钞发行的最初十几年的情况。政
府为了稳定币值，在投放货币的
额度上进行控制，尽量避免各种
人为因素的干扰，以使其符合流
通的客观规律。如由中央政府垄
断货币的发行权，货币用材、形态、
印造、投放、管理及币制的制定，

发行于中统元年（1260）的"中统元宝交钞"

都控制在中央政府的手中，户部设有专门的机构管理全部事务。从忽必烈以
下各级官吏对钞法的制定和变更采取比较审慎的态度，并采取了一些稳定币
值的具体措施，如在保证足够的准备金方面做的努力，对发行量的严格控制等。

　　从货币发展史的角度看，元代纸币成为货币主体在全国范围内流通，是
货币史上的巨大进步。但人们对货币流通规律还缺乏足够的认识，封建统治
阶级在满足自己的欲望时毫无节制，对财政需求不能实行右效控制，币值的
长期稳定显然是不可能的。中统钞发行之初的币值稳定局面只维持了十几年，
准备金的严重不足，货币投放量的失控，统治者的穷奢极欲，都使货币贬值
日益加剧，国家财政和民众经济生活陷入极端的困境之中。严重的通货膨胀
使人们视纸币如废纸，使其完全丧失了基本职能。

　　但无论如何，元代纸币成为货币主体在世界货币发展史上显示出了重要
的意义。

大都事变·阿合马被杀

　　阿合马，回回人，最初是作为侍臣进入皇宫的，生性灵巧，善于理财。李璮兵变后，忽必烈对汉人大臣心有戒备而转向重用色目人，一是为了搜刮钱财；二是为了与汉人在政治上对立抗衡。此举为阿合马平步青云提供了极好的时机。忽必烈认为阿合马是个奇才，十分器重他。于是阿合马升迁很快而且权势越来越重。他做了10余年的中书平章政事，通过增加赋税、理算钱谷、检括户口等手段竭泽而渔，增加财政收入，以支付朝廷支出。忽必烈因此更加信赖他，他也愈发肆无忌惮，仗着权势打击异己，网罗亲信，安插私己，甚至侵盗国库。大臣们都很恨他，尤其是皇太子真金更加气愤。这些终于导致了大都事变。

　　至元十九年（1282）三月，忽必烈到上都巡视，真金一起同往，阿合马留守大都。益都千户王著乘机与高和尚密谋除掉阿合马。三月十七日上午，他们先派两个蕃僧到中书省假装说皇太子要返回来做佛事，要求阿合马去接，后来由于高觿怀疑有诈而逮捕了这两个人。午间王著等又假称太子命令枢密副使张易发兵到了东宫，入夜后，王著一行人奔向东宫。其中一个伪装成皇太子，从南门进入。阿合马不知是计，出来迎接时被王著用铜锤打死。随后王著被抓，高和尚也在高梁河被捕，张易受株连，3人同时被杀。同年五月，孛罗向忽必烈详细地汇报了阿合马狼狈为奸，作恶多端的情况，忽必烈大怒，下令打开阿合马的墓棺，剁烂他的尸体，放狗去撕咬，并把阿合马的同伙全部诛杀。至此，大都事变才算平息下来。

胡三省注通鉴

胡三省（1230～1302），字身之，又字景参，号梅磵，台州宁海（今属浙江）人。南宋宝祐四年中进士，初任吉州泰和（今属江西）等地县尉，因刚直触犯上官，被罢免。1270年，开始主管沿江制置使机宜文字，曾上呈《江东十鉴》陈述政见，宰相贾似道未采纳。1273年襄阳失陷，南宋灭亡已成定局，胡三省遂辞官回归乡里。

胡三省精于史学，早年曾仿北朝陆德明《经典释文》体例，著《资治通鉴广注》97卷，论10篇，可惜原稿在战乱中亡失。宋灭亡后，胡三省隐居不仕，再购《通鉴》重新作注，将司马光《通鉴考异》以及自己的注释全部散入《通鉴》正文之中，亲自抄录，寒暑不懈。至元二十二年（1285）注释工作最后完成，以后又一再修订。

胡三省的《通鉴注》不仅具有很高的史学价值，而且借助注释抒发了自己的民族气节和爱国热情。书中凡提到宋朝，大都写作"我朝"或"我宋"，体现了注者鲜明的政治态度。

此外，他也在注中谴责贾似道等南宋官员祸国殃民以及一些宋将的叛国行径，并从多方面分析了南宋灭亡的原因。在总结历史经验教训时，胡三省认为人心向背是政治兴亡成败的关键。从这一点看，胡三省的《通鉴注》在政治思想史上也具有崇高的地位。

以宣政院管理西藏

西藏在在元朝称为吐蕃，1260年忽必烈封八思巴为国师，统领全国佛教，兼管吐蕃军民世俗事务，成为西藏地区最高的宗教领袖和行政首领。至元二十年（1283年）元廷设总制院，1288年更名为宣政院，协助帝师管理全国佛教及吐蕃事务。属一品官的高级官署。由于它享有自选官吏的特权而成为一个相对中书省、枢密院、御史台之外的任官系统，具有政教合一制的特点，自此，西藏开始有有效的中央管辖，成为中国领土不可分割的一部分。

吐蕃地方高级官员由宣政院推举任命，吐蕃军务也由其处理，还可派设行宣政院，与内地的联系主要靠驿站。为保证持有圣旨玉印等书卷及文牒的僧俗官员往返方便，元政府曾两次在吐蕃清查户籍，整顿驿站，签发站户。对于佛教事务，宣政院在江南设有行宣政院，在各路、府、州、县设僧录司等地方机构，并称僧司衙门，管理各地佛寺、僧徒。至1311年，地方僧人之诉讼才归入地方官府管辖。

至顺二年（1331），元廷又建16道广教总管府，由宣政院选任达鲁花赤和总管等职位，掌管僧尼政事。此后几年，又回复设立行宣政院这一建制。

南宋诗人谢枋得不屈绝食而死

至元二十六年（1289），南宋诗人谢枋得不屈绝食而死。

谢枋得（1226～1289），字君直，号叠山，信州弋阳（今属江西）人。南宋宝祐四年（1256）中进士，1275年被任命为江东提刑，率众抵抗元军，失败后逃入福建。其妻子、儿子、弟侄都被元军捕捉，大多死于狱中。南宋灭亡后，谢枋得流落于山区，后来出山至建阳（今属福建），以教书为生。忽必烈命南宋降臣举荐江南名士，谢枋得屡在举荐之列，但他均予坚决拒绝。最后元官把他拘禁起来，强迫北行，谢枋得以绝食反抗，被押送到大都后不久去世。门人私谥他为文节先生。著有《叠山集》传世。

对南宋的灭亡，谢枋得深感哀痛。然而对南宋自身的腐败，他也并不讳言。正是出于满腔爱国热情，他才痛恨南宋王朝的腐败。在《上丞相留忠斋书》中他抨击说："天怒于上，人怒于下，国灭主辱，理固宜然，天实为之，人岂能救之哉！"他期待有朝一日志士仁人出来廓清寰宇，恢复宋室。

谢枋得的爱国热情在南宋遗民中较有代表性。他们不尽是哀叹南宋王朝的灭亡，而更是痛感于自己的民族和国家遭到另一民族的野蛮征服，才奋起抗元。因此与历史上那些单纯拘于"君臣大义"，甚至为暴君虐政的覆亡而"守节"的遗民不同。他们的爱国主义思想是中华文明的重要组成部分，也是留给后世的一份宝贵的精神遗产。

飞来峰元代造像精美

　　杭州飞来峰元代造像十分精美，堪称古代江南石窟中的杰出作品。

　　飞来峰位于杭州灵隐寺前，山崖石壁上分布着包括五代、两宋至元的造像 380 余尊，其中元代作品最为精美。元代造像约在至元十九年至二十九年（1282 ~ 1292）间，是奉敕任江南释教总统的藏僧杨连真及其僧侣、世俗官吏等所造。元石像多为佛教造像，共有 68 个龛、117 尊造像，以佛、菩萨、度母等题材为多。石刻的题材和艺术风格有汉式和梵式两种样式。汉式造像较多，其中临溪崖壁上雕造的布袋和尚身倚布袋，手执念珠，袒腹而面露嬉笑，两旁有十八罗汉，造型及布局均非常生动形象而富有变化。

　　元代造像中还有大量的密宗佛像，有威武有力的天王和面貌俊秀、姿态

掐丝珐琅象耳炉。圈足、双象耳系清初时后配。

杭州飞来峰元代造像

活泼的度母。刀法洗炼，衣纹流畅。这些雕像布置在有林壑之美的山岩间，有超凡脱尘之趣，在选择环境、审地度势和造型设计上别具匠心。

飞来峰的梵式造像具有明显的喇嘛教艺术特色，如造于至元二十四年（1287）的佛顶尊胜度母，有3头8臂，每个头上有3只眼睛，身体怪异而面容慈祥。另一喇嘛教造像题材的骑狮多闻天王形象则非常威武。此外第五号龛的金刚手菩萨头戴化佛冠，肥胖臃肿，形如侏儒，形象十分怪异。

飞来峰的元代造像有的在风格上还存有宋遗规，也有的受西藏样式的影响。

飞来峰的佛教石刻造像在中国雕塑史上具有十分重要的地位。

马致远作《汉宫秋》

元代是杂剧创作的兴盛时期，出现了较多优秀的剧作家和好的作品。马致远及其所创作的《汉宫秋》就是其中一个典型的例子。

马致远（约1250～1321至1324年间），字千里，号东篱，大都（今北京）人。早年曾热衷于功名，任江浙行省务官，无奈仕途艰难，并不得意，晚年隐居山林，以诗酒度日。

《汉宫秋》取材于汉代王昭君出塞和亲的历史故事，但并不拘泥于史实，而是在民间故事的基础上，结合历代史书的记载及历代文人的咏唱的思想情绪，对这一历史故事进行了再创造，因此情节有较大的变动，主要表现在以下几个方面。首先，剧本把当时历史背景改为匈奴强盛，汉朝在匈奴的压迫下，派遣昭君出塞，这样一来，昭君便成了爱国者的形象。其次，将毛延寿塑造成一个卖国求荣的形象，他因仕途不达而将昭君画像献于匈奴，从而使匈奴侵略汉朝江山。最后，剧中描写昭君离开京城后，未到匈奴便投江自尽，报效国家，这与历史上王昭君到达匈奴且生儿育女有所变化，目的还是为突出王昭君的爱国者的形象。全作以汉元帝与王昭君的爱情为主线，借昭君出塞揭露汉朝文武百官在外族侵扰面前所表现出的怯弱和无能。马致远创作《汉宫秋》的最终目的是借剧中汉代朝廷的无能来抒发他内心的感情，痛斥宋、金亡国之臣的腐败和昏庸。《汉宫秋》的艺术成就较高，全剧结构紧凑，写景抒情，较贴切地表达了人物思想，尤以第四折《满庭芳》为最，被清代的焦循评为"绝调"。

马致远的杂剧作品十分丰富，除《汉宫秋》外，其他作品达15种之多。如《青衫泪》，来源于白居易的《琵琶行》，描写白居易与妓女的爱情故事，抒发了作者本人仕途坎坷的情绪。《荐福碑》叙述书生张镐穷困潦倒，寄居福寺中，借以抒发作者怀才不遇之感。

此外，他还有一些"神仙道化"杂剧，这与元代时期道教兴盛有关。如《吕洞宾三醉岳阳楼》，描述吕洞宾在岳阳楼超度柳树成精，《陈抟高卧》则叙述宋道士陈抟拒绝功名利禄，归隐山林，遣责了当时社会的黑暗，提倡修道成仙的消极情绪，对后世宗教剧的创作影响很大。

缂丝工艺持续发展

缂丝工艺在我国的南宋时代已经极臻完善，元朝继承并光大了这一技艺，并融合了西域的织金技术，将金丝用于缂丝品的织造，使这一技艺进一步向前发展。

缂丝工艺主要用于缂织皇帝御服、帝像和艺术品。在元代，由于喇嘛教盛行而增加了佛像内容。产品栩栩如生，绘画作品无法与之媲妍。法国巴黎收藏的元朝缂丝《三世佛》大轴，可能就是这里织造的。故宫博物馆收藏的《缂丝八仙拱寿图轴》和《缂丝东方朔偷桃图轴》是元代绘画性缂丝的代表作。内容乃庆寿应酬之类的礼品，前者以米色为地，图像用藏青、浅蓝、月白、中驼、浅驼等配色，色调高雅，构图紧凑，体现了元代的绘画风格。后者寓意吉庆长寿，富于戏剧性。是人们所喜闻乐见的喜庆题材。也是米色为地，而图像用石青、宝蓝、清

根据王祯《农书》所绘《耕织图》中的缫丝图

蓝、月白搭配少量水粉和瓦灰而成。

　　元代的缂丝与宋代相较，其风格更为粗放，组织增密，用金量增多，画幅增大，往往用数轴拼合。如《仪凤图》，画幅长达5.5米，原来可能是一个大屏风，织百鸟朝凤图，其间鸟语花香，一派吉祥景象，描绘十分精致，色彩也极为艳丽，用大量金线勾勒，气派而华丽，完整地体现了大元帝国的气势，展示了其艺术风貌。在用丝的经径、纬径及密度上虽不及宋代细密，但其作品主题鲜明，色彩高雅，从艺术整体上看，其艺术效果和艺术价值较宋代却各具千秋，甚至有过之而无不及。总的来说，缂丝工艺是在进一步向前发展。

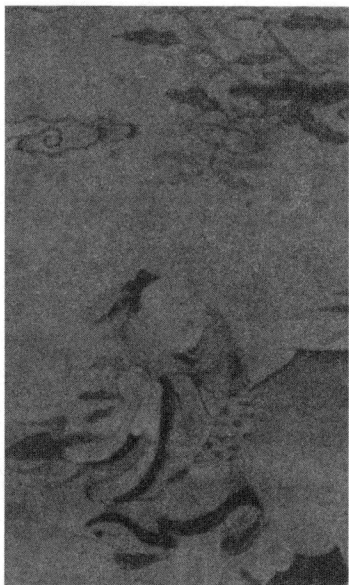

缂丝东方朔偷桃图轴

刺绣西方广目天王像

汉、蒙、回回子学并立

至元二十六年（1289），汉、蒙、回回子学并立。

元朝取法辽金并根据现实需要和本民族的特点发展文化教育事业，设置汉、蒙古、回回三种国子学，促进了各民族文化的相互交流，使各民族学者

北京国子监为元明清三代国家的最高学府。图为成贤街国子监牌坊。

都能在统一国家内为创造多元文化共同发展的繁荣局面作出积极贡献。

元朝在建国之初就把设学校办教育提到重要的议事日程上来。太宗六年（1234），元在燕京改枢密院为宣圣庙，设立国子之学。忽必烈曾下诏提举学校和教授官。至元二十四年（1287），元朝式设立国子监，以许衡的学生契丹族学者耶律有尚为祭酒。至元八年（1271）与至元二十六年（1289），元朝在京师分别设蒙古国子学和回回国子学。从此，汉、蒙、回三种国子学并立。

元朝国子学创建之后，设博士通掌学士，分三斋教授生员。博士讲授经书，助教负责一斋教学的具体事宜，正录专管申明规矩，督习课业。规定凡读书必须先读《孝经》、《小学》、《论语》、《孟子》、《大学》、《中庸》、其次《诗》、《书》、《礼记》、《周礼》、《春秋》、《易》。博士、助教亲自教授句读、音训、正录伴读，次日抽签令学生复说其功课。由博士出题，学生将稿呈给助教，博士审阅后始录附课薄。学生人数定为200人，先准许100人及伴读20人入学。100人中，蒙古人占一半，色目、汉人共占一半。以后生员继续增多。元朝国子之制还规定考试规矩，每年选40名学生升充高等生员，蒙古、色目各10名，汉人20名，岁末试贡，唯取实才。

蒙古国子学及回回国子学主要招收随朝百官子弟之俊秀者入学，以攻习蒙古、回回文字为主，属于中央级专门学校。蒙古国子学设生员百人，其中蒙古人50，色目人20，汉人30名。不过百官子弟就学的人数往往不下二三百人。庶民子弟只能作陪堂生。回回子学的设立，对元朝开辟西域及扩大版图非常重要。在各类国子学中，蒙古及西域各族学生中学行卓著者有耶律有尚，孛木鲁翀等，此人后来都曾担任国产祭酒。人自许衡之后，唯有耶律有尚与孛木鲁翀能以师道自任。

元朝汉、蒙、回三种国子学作为元朝最高等级的教育机构，其设置、规模及教育教学管理体制都直接吸收宋、辽、金教育的有益经验，还结合现实需要和本民族特点进行教育改革，在某些方面有自己的创新。三种国子学并立发展的局面，反映了元朝开明的文化教育政策。这种文教政策在一定程度上削弱了各民族交往中的障碍，使元朝的文教事业不断向前迈进，在教育发展史上留下了光辉的一页。

基督教再次传入中国

至元二十六年（1289），教皇尼古拉四世派修士来华，基督教再次传入中国。

成吉思汗统一蒙古诸部后，他和他的后继者建立了一个横跨欧亚大陆的帝国，欧洲各国君主因此十分惊慌。教皇英诺森四世派方济各会教士、意大利人柏郎嘉宾访问蒙古大汗驻地和林，劝蒙古人信仰天主教。元定宗贵由虽厚待来使，却以"奉天承运"为由拒绝了教皇的要求。这是蒙古人与罗马教廷最早的接触。1260年，威尼斯商人马可·波罗沿伏尔加河进入中国，元世祖忽必烈召见了他。当时元朝处

意大利基督教主安德肋·贝鲁亚的墓碑

于鼎盛时期，世祖请马可·波罗带信给罗马教皇，正式提出请教皇派通晓"七艺'（文法、论理、修辞、几何、算学、音乐、天文）的100名传教士来中国，表示了对天主教的重视。

1289年，教皇尼古拉四世派意大利人、方济各会修士约翰·孟高维诺航海来华，受到朝廷礼遇，元成宗铁穆耳待他极为崇敬，并准许他公开传教。孟高维诺是进入中国的第一位天主教传教士。1298年，他在北京建立第一座教堂，1305年建成第二座，1318年又建成第三座，据说这些教堂修得巍峨壮观。另外他还招收150名7～8岁男童，成立神职班，教授拉丁文和希腊文，并将《新约》等宗教文献译成蒙文和维吾尔文。孟高维诺在华传教近30年，收

元代的基督教徒和教士通称为"也里可温"，既指聂里脱里派，也包括罗马天主教派。图为也里可温教徽章二枚。

信徒6000余人，连元世祖的母亲别吉太后都成了他的教徒。1307年，教皇任命他为中国教区大主教，相继派传教士入华协助他传教。在这些教士的努力下，至1328年，信徒已达30000人，流传于大江南北，尤以江南沿海一带为盛。

元朝对基督教设专门的"崇福司"管理，蒙古统治者对基督教采取宽容态度，不仅准许传教且发给薪俸。但基督教地位始终在佛、道以下。

基督教在中国随元帝国的覆亡而中辍。其消失原因有二：从内部来看，基督信徒多为蒙古人和西域人，基督教始终没有超出贵族圈子，没有在广大人民中间扎根；从外部看，因为蒙古帝国横跨欧亚，从欧洲陆路来华十分方便。元灭亡后，中亚交通阻塞，中西陆路交通中断，明朝又实行海禁，基督教在内无土壤、外无活水的情况下很快枯竭消失了。

中国伊斯兰教鼎盛

元朝是中国伊斯兰教的鼎盛时期。穆斯林人口不断增加，社会地位也日益提高，他们为元朝的社会发展做出了空前的贡献。

成吉思汗及其子孙西征西亚与东欧，建立了横跨欧、亚的蒙古大帝国。此后中西交通畅达，穆斯林大批归降或被俘，随蒙古军东来参加征服和统一中国的战争，被称为"西域亲军"。其中阿拉伯人、波斯人和中亚各族人在忽必烈建立元朝统一中国后，与当地汉族、维吾尔族、蒙古族居民通婚，代

花剌子模国人努冉萨墓碑，用辉绿岩石琢成，上有用阿拉伯文镌刻的碑文。

伊本·奥贝德拉墓碑，用花岗岩石琢成，阴刻阿拉伯文，另有汉字"蕃客墓"3字。

代繁衍，逐渐形成一个新的民族——回族。与此同时，西域的穆斯林商人、学者、传教士、达官贵人、旅行者等纷纷来中国定居，与当地人通婚，形成回族的另一个重要来源。

元代将伊斯兰教徒称为"木速蛮"，又称"答失蛮"，世俗往往称为"回回"，其教名或称真教、清教，或称回教。中央设"哈的"，即回教法官，掌管教内律法的执行，并负责为国祈福。该制曾几置几罢，反映了国家与教会在执法上的权力之争，也说明伊斯兰教的势力已相当强大。至大二年，宣政院奏免僧、道、也里可温、答失蛮租税，其时伊斯兰教已由沿海外国小教发展成为由政府正式承认的中国合法大教，可与佛、道、儒及基督教并列，足可见其规模和影响之大。

元朝穆斯林的状况与唐宋相比有了明显的不同。第一，他们多数不再自视为外国侨民，大都以中国为家，娶妻生子，置产业，变成了中国人。第二，他们的分布不再局限于东南的沿海通商口岸，而是遍布全国，形成"大分散小集中"的居住特点。第三，他们的社会地位较高，因为他们在帮助元朝统

《番王礼佛图》卷。全图用白描法，笔法工细。人物情态生动，衣纹流畅。海水、佛光等具有装饰意味。

一中国的事业中立过汗马功劳，其政治和社会地位仅次于蒙古贵族。此外，元代穆斯林人口之多也是唐宋不能比的。尽管元代忽必烈有过迫害穆斯林教徒的举措，但总体上说来蒙古贵族还是保护伊斯兰教的，多数情况下穆斯林颇受政府尊重。政府修葺或重修的著名清真寺有泉州清真寺、广州怀圣寺、杭州真教寺、昆明礼拜寺 2 所、哈刺和林礼拜寺 2 所等。中央一级设回回国子监学，奖励伊斯兰学问；设回回司天监，掌观象衍历；设太医院广惠司，掌修制御用回回药物及和剂，治疗诸宿卫士及在京孤零者。此外还设回回炮手军匠上万户府，负责造炮，管理造炮工匠。

元代的穆斯林对中国的政治、经济、军事、文化做出了重大贡献，涌现出了一大批第一流的优秀人才。在政治方面，有许多伊斯兰功臣显宦，如泉州人蒲寿庚，助元灭亡南宋有功，官至右丞，子皆高官。扎八儿，助成吉思汗破金中都，封凉国公。还有赛典赤曾，率千骑从成吉思汗西征，太宗宪宗之世拔为高官，元世祖之时，拜中书平章政事，陕西五路西蜀四川行中书省、云南中书行省平章政事，为中央所倚重。在经济方面，穆斯林在中西商业交往中发挥重要作用，俗称"富贵回回"，因其多为富商。在文化方面，出现了一批著名的学者、艺术家、专门人才。大学者赡思，学通五经，著述甚丰。大诗人丁鹤年，擅长诗文，对算数、方药亦有研究。诗人萨都刺博学能文，尤以山水诗见功力。以上情况表明，回族在形成之初，即具有了高度的中原文化素质，同时也保留了西域文化的某些特点。在他们身上体现着中西文化的融合。

元代，新疆的三大宗教——伊斯兰教、基督教、佛教都得到一定程度的发展；同时各教之间互相来往，互相渗透，气氛比较平和宽松。自由传教的结果，是伊斯兰教发展最快，到16世纪时，新疆全境除北部瓦剌蒙古信奉喇嘛教以外，全部改信伊斯兰教。

元代刻书事业兴盛

元代统治者本是游牧民族，文化教育相对落后，但他们在灭宋统一全国后，加强了民族间、国家间的教育等诸方面的相互借鉴和学习，使元代的文化教育事业取得了前所未有的发展。元代刻书事业的兴盛便有力地证明了这一点。

元代刻书事业的发展可以从以下几个方面表现出来。

一是官府刻书与书院刻书。元灭宋后，设立兴文署掌管刊刻经史书籍事务。最早刊行的是《资治通鉴》（1273）。至元二十七年（1290），兴文署又刻胡三省的《音注资治通鉴》。由于得到官方资助，所以兴文署的刻本质量高，流传甚广，对传播文化起了重要作用。地方上，各儒学也刻了不少书。至元二十三年（1286），世祖忽必烈诏曰："江南学校旧有学田，复给之以养士。"所以各级儒学有一定的资财，其刻印之书，以九路儒学分刻的《汉书》、《后汉书》、《三国志》、《隋书》、《新唐书》、《北史》、《南史》最受人推重。

二是承宋而兴的坊刻书。坊刻书系指书商刻印之书。元代书坊刻书比宋代更为兴盛。为适应科举需要而刊行的经典、正史、史书的节本、纂图互注子书、字书以及为应考科举的模范文章选等，为数不少。元代书坊分布以福建建宁府为中心，这里是书坊聚集之所，又以建阳、建安两县尤为著名，这里承接了南宋的刻书业，仅建安县，就有崇化镇余氏勤有堂、麻沙镇刘氏南涧书堂以及刘锦文日新堂、虞氏务本堂、叶日增和叶景逵的广勤堂、郑天泽宗文书堂等著名书坊，历史悠久，甚至绵延到明代。坊刻本虽不及家刻本校勘精细，但其版式、字体均善，成为清代藏书家珍视之宝。

三是精善的私宅刻书。元代的私宅刻书盛行，据《书林清话》记载有近40余家。元代私宅刻书或家塾刻书，既有经史子集之类，又有医书，还有一些宋末文人不仕于元，其撰述也多由私宅刊刻，流传于世。私宅刻书分布的地区，与宋、金刻书业中心有密切关系。金之刻书中心平阳府，入元后书风亦盛。福建的建安和建阳本是宋代的刻书中心，入元以来，这一地区的坊刻和家刻都得到继承和发展。大部分私家刻书，数量不多，少者仅一二种，但精刻精校，质量很高，甚至超过了宋刻本。元初义兴岳氏荆溪家塾刻《春秋经传集解》，是保存至今的元代私家刻书中的代表。

元代刻书字体多用赵孟𫖯体。赵体流畅秀丽，士人竞相临写，刻书字体也不例外。

其次，元刻本中多简体字，元政府将蒙古新字定为通行国字，对汉字的书写要求不严，刻书中使用简体字较多。

印刷技术上也有很大改进。由于王祯成功创造了木活字印刷法，所以元代的印刷技术较宋代有了较大的改进，促进了刻书的发展。

此外，元代印书在版式、装订和用纸上也有一些独特之处。

所有这一切，都显示了元代刻书事业的兴盛。

1291 ～ 1300A.D.

元朝

1291A.D. 元至元二十八年　颁至元新格。

1292A.D. 元至元二十九年

八月，浚通州至大都漕河。遣兵攻八百媳妇国。关汉卿此年左右作《窦娥冤》。

1293A.D. 元至元三十年

四月，上海、澉浦、庆元、广东等市舶司，准泉州抽分法。三十取一。

七月，通州至大都漕河成，赐名通惠河，凡役工 285 万。理学家刘因死。

1294A.D. 元至元三十一年

正月，元世祖死。四月，太孙铁木耳即位于上都，是为成宗。

1295A.D. 元成宗铁木耳元贞元年

是岁，宋遗民谢翱死。白莲教得到承认，庐山东林寺住持被封为白莲宗主。

1296A.D. 元元贞二年

十月．赣州民刘六十起事，建立名号，寻败死。宋学者王应麟死。关汉卿卒于大德初。

1297A.D. 元元贞三年元大德元年

八月，八百媳妇国反抗，遣兵攻之。

1298A.D. 元大德二年　王祯作木活字。

1299A.D. 元大德三年

十一月，浚大湖、淀山湖。十二月，荆湖等地无公田处，昔皆责民出公田租，至是免之。

画家钱选卒于此年左右。

1300A.D. 元大德四年

十二月，遣兵攻八百媳妇国。木活字、火器、算术传到阿拉伯。

1291A.D.

埃及苏丹卡利尔占领阿克、秦尔。其他城市闻讯乞降。西方基督教国家在东方之最后据点，至此被拔除。

1295A.D. 保加利亚斯未地斯拉夫（或特利基一世子）逐出蒙古人，自立为王。

1297A.D.

威尼斯自此成为少数大商业家族所统治之"共和国"。《马可·波罗游记》约成于本年。

1300A.D.

蒙古人征服小亚细亚之塞尔柱土耳其人，奥斯曼代之而起，称苏丹。

颁行《至元新格》

至元二十八年（1291）五月，元廷颁行《至元新格》。

元初，国家的法律体系仍然参用金"泰和律"。至元八年（1271）十一月，元世祖下令禁行"泰和律"，着手草拟新的律令。从这时开始，元代修订律令的工作从未间断，直到至元二十八年（1291）五月，右丞相何荣祖奉命编纂完成《至元新格》，并奏准颁行。这是元朝自订的第一部法典。

《至元新格》以世祖朝所颁行的各种法规为依据，按照法典的行文格式重新分类撰写。全书共分为公规、选格、治民、理财、赋役、课程，仓库、造作、御盗、察狱十目，每目之下又分列十数条款。全书文字共数千言，内容涉及行政、民法、财政等方面，但涉及刑法的很少，显得比较单薄，不全面，所以并未能从根本上解决元代"法无定制"的问题。即使如此，元代还是开创了自己草拟法令的新局面，从此也十分重视法令的修订工作。

元代铜权。图中右刻有"至元元年（1264）校勘相同"等铭文，左为"大都路造"铜权。

金山寺千佛舍利塔。八角形13级密檐塔，汉白玉雕成。须弥座上刻有海兽、缠枝海石榴花及回文图案。第一层刻有843尊佛像，故称千佛塔。

行省制确定

至元二十八年（1291）五月，元行省制确定。

蒙古国时期设的行尚书省，职掌与管辖范围都不很明确。忽必烈即位后，设立中书省总领全国行政事务，在部分地区设立行中书省掌军政或民政。南宋灭亡后，元廷曾一度以宣慰司为江南地区主要行政机构，分设行枢密院掌军事，在重要地区则置行中书省监临，设省处不设宣慰司，省治亦常移动。至元二十八年（1291）五月，忽必烈下令罢尚书省，右丞相以下，皆改入中书省，其行尚书省改为行中书省，简称行省。

行省制，即在中央设中书省总理全国政务，枢密院掌管军事，御史台负责监察。在地方上设行中书省（即行省）。行省设丞相一人，掌管全省军政大事。行省下设路、府，州，县。元朝在全国共设 10 个行省，即岭北、辽阳、河南、陕西、四川、甘肃、云南、江浙、江西、湖广。至于山东、山西、河北和内蒙等地则称为"腹里"，作为中央特区，由中书省直辖。行省制的确立，从政治上巩固了国家统一，使中央集权在行政体制上得到保证。这是中国政治制度史上的一项重大变革，对后世有巨大的影响。

忽必烈派军渡海征爪哇

至元二十九年（1292）十二月，忽必烈派军渡海征爪哇。

元代，在南海诸国中，爪哇（今印尼爪哇岛）力量最强。元世祖忽必烈认为，只要爪哇臣服，其他小国自当称臣。于是从至元十六年（1279）起，元代不断派遣使者前往爪哇，并要求爪哇国王亲自来朝。至元二十六年（1289），爪哇国王葛达那加剌将元使孟琪黥面送回。这种侮辱使忽必烈大怒，决意出兵爪哇。至元二十九年（1292）十二月，福建、江西、湖广三省军队从泉州出发，经七洲洋、交趾、占城界、东西董山，次年正月至勾阑（今格兰岛）。二月，元军分水陆两军并进。三月初会于八节涧（今泗水南）。这时爪哇国王被邻国葛郎所杀，爪哇国王的女婿土罕必阇耶攻打葛郎不胜，闻元军至，即遣使以其国山川、户口及葛郎国地图迎降并求救。元军助土罕必阇耶打败葛郎，葛郎国王出降。四月，土罕必阇耶请求回去，以交换降表并准备贡礼随军入朝元帝，元军派兵护送。途中，土罕必阇耶寻机逃走，集结军队袭击元军。元军且战且退，两月后返回泉州。元军死亡 3000 余人，掠得价值 50 余万的金宝香布。忽必烈认为"亡失多"，无功而返，对率兵者亦黑迷失和史弼行杖罚，并没收其家资 1/3。另一个将领因劝谏不要放纵土罕必阇耶，且立功多，则赐金 50 两。忽必烈这次征讨失败，心有不甘，准备再次发兵，后因病死而作罢。

元大都城建成

至元二十九年（1292），元大都城建成。

元代国都大都城，是唐以来中国规模最大的一座新建城市，明清北京城就是在元大都的基础上改建和扩建而成的。

元大都（今北京）遗址，蓟门烟树——燕京八景之一。

北京元大都土城城墙遗址

　　元大都从 1267 年开始修建，直到至元二十二年（1285）才告完工，历时 18 年之久。它的组织建筑和设计者是刘秉忠。他以《周礼·考工纪》关于都城建设为指导思想进行规划修建，是我国封建社会的历代都城中最接近周礼之制的一座都城。《周礼》是儒家的政治思想蓝图，为历代统治者所尊崇。

　　大都布局接近方形，北面 2 门，东、西、南三面各 3 门。都城的布局形制为三重城垣：大城阁皇城和宫城。皇城周长 20 里，包括宫城、御苑以及兴圣宫、隆福宫、太子宫和太液池等。宫城在皇城内偏东部，在全城的中轴线上，分为前朝，后宫两部分。社稷坛在皇城以西，太庙在皇城以东，商业活动的市集中在钟鼓楼一带。这种左祖右社，面朝后市的布局，符合中国传统的都城规划模式。大都城市布局严谨，井然有序，有明确的中轴线，以宫城为中心，南起丽正门，经皇城前广场，过灵星门，进入皇城、宫城，直抵皇城以北位于都城几何中心的中心阁。由此向北，轴线略为西移，通过鼓楼，直达钟楼。

　　元大都的干道系统基本上是方格网式，整齐方正。南北向道路贯穿全城，东西向干道则受到居中的皇城和海子阻隔，因而形成若干丁字街。中轴线上的大街最宽 28 米，其他干道宽 25 米。全城被干道划成方形的街坊，街坊再被平行的小巷划分为住宅用地。坊内小巷称胡同，多为东西向，胡同之间相隔约 70 米，胡同宽 5 ~ 7 米，胡同内院落式住宅并联建造，每一住宅院落的

宅基地，规定为 8 亩。元大都全城被划分为 50 个坊，坊无坊墙、坊门，不同于唐代封闭式的里坊制。

元大都的水系工程由元代的水利专家郭守敬规划，疏通了东西向的运河（通惠河），另外规划了一条新渠，把北部山区水源及西山泉水引入城市，使大都有充足的用水，并与运河相连通。主要水系有两条：一条由高梁河引水经海子、通惠河通往城东通州；一条由金水河引水入太液池，再流往通惠河，保证宫苑用水。城市的排水，在干道两侧用石条砌筑宽约 1 米的明渠，将废水通过城墙下预先构筑的涵洞排出城外。

元大都的建成，是城市建设史上的里程碑。它是我国封建社会最后一座按照预先整体规划平地兴建的都城，也是 13 ~ 14 世纪世界上最宏伟壮丽的城市之一。其严整的规划布局，建筑的技术、艺术水平都是当时世界上罕见的。元代统治者为了修建这座规划庞大、辉煌宏丽的都城，调集全国各地大批优秀工匠，一般夫役就近征调，并动用大批侍卫军参加建设；同时，大批西域人也为大都的建设贡献了自己的才华。

元设回回药物院

至元二十九年（1292），元廷专设回回药物院，隶属太医院（至治中改隶广惠司），分管大都与上都宫廷医药，专门修制御用回回药物。

元廷对回回医学的认识始于叙利亚人爱薛。爱薛精通回回医法和回回药物。中统四年（1263），忽必烈命其掌管西域星历、医药二司的事务，后改置广惠司，仍由他负责管理。

元朝的回回药物和验方在民间流传很广，回回医生在民间亦颇受欢迎。明代李时珍《本草纲目》中，亦著录了许多回回药物和药方，回回医药学是古代中国医学的重要组成部分。

京杭大运河全线贯通

　　至元三十年（1293），通州至北京的通惠河开通，至此，京杭大运河全线贯通。在此之前，杭州至镇江的江南运河在春秋时已形成，隋代曾大规模整修，是为南北大运河之南段。淮河以北，早期利用泗水通运；南宋时因黄河夺泗入淮入海，改为徐州东南利用黄河河道行运，徐州向北至济宁仍利用泗水作运道。元代至元十八年至二十年（1281 ~ 1283），首先开通了由济州（今山东济宁）到须城安民山（今

北京、通县间的通惠河古河道遗迹

山东东平西南）的长达 150 多里的济州河。至元二十六年（1289），又开通由安民山至临清的会通河。至元二十八年（1291），在郭守敬的建议和主持下，引大都（今北京）西北白浮泉等诸泉水，经大都西门汇于积水潭，然后再出文明门（今崇文门）至通州（今北京通县）高丽庄入白河，全长 164 里，称通惠河。这样，从大都经通惠河至通州，再经白河至直沽，然后经御河至临清，继而经会通、济州河和旧运河连接，而不必再西入河南。

　　开通后的京杭大运河和隋代大运河相比，缩短了六七百里的路程。它以杭州为起点，以北京的积水潭为终点。全长超过 1790 公里。经北京、河北、天津、

北运河上的平津闸遗址

京杭大运河的北源头昌平的白浮泉

山东、江苏、浙江六省市，把海河、黄河、淮河、长江和钱塘汀五大水系联系成一个统一的水运网，成为我国古代南北交通的主动脉。

明永乐九年（1411），宋礼主持重开会通河，筑戴村坝引汶水至南旺向运河南北分水，解决会通河段水源不足的问题，成为运河上最重要的水利枢纽。随后，陈瑄又整修淮扬运河，使运输能力大幅度增加，每年漕运江南粮食400万石至北京。隆庆元年（1567），为防止黄河泛滥危害运河，开南阳新河，把南阳至留城间的一段从昭阳等湖西移至湖东。万历三十二年（1604），为避免徐州至宿迁段黄河上的航运困难，开泇河；清康熙二十七年（1688），从宿迁至清口开中运河，代替此段黄河运道。至此，运河与黄河完全分离，由借黄行运改为避黄行运，京杭大运河最后定型。

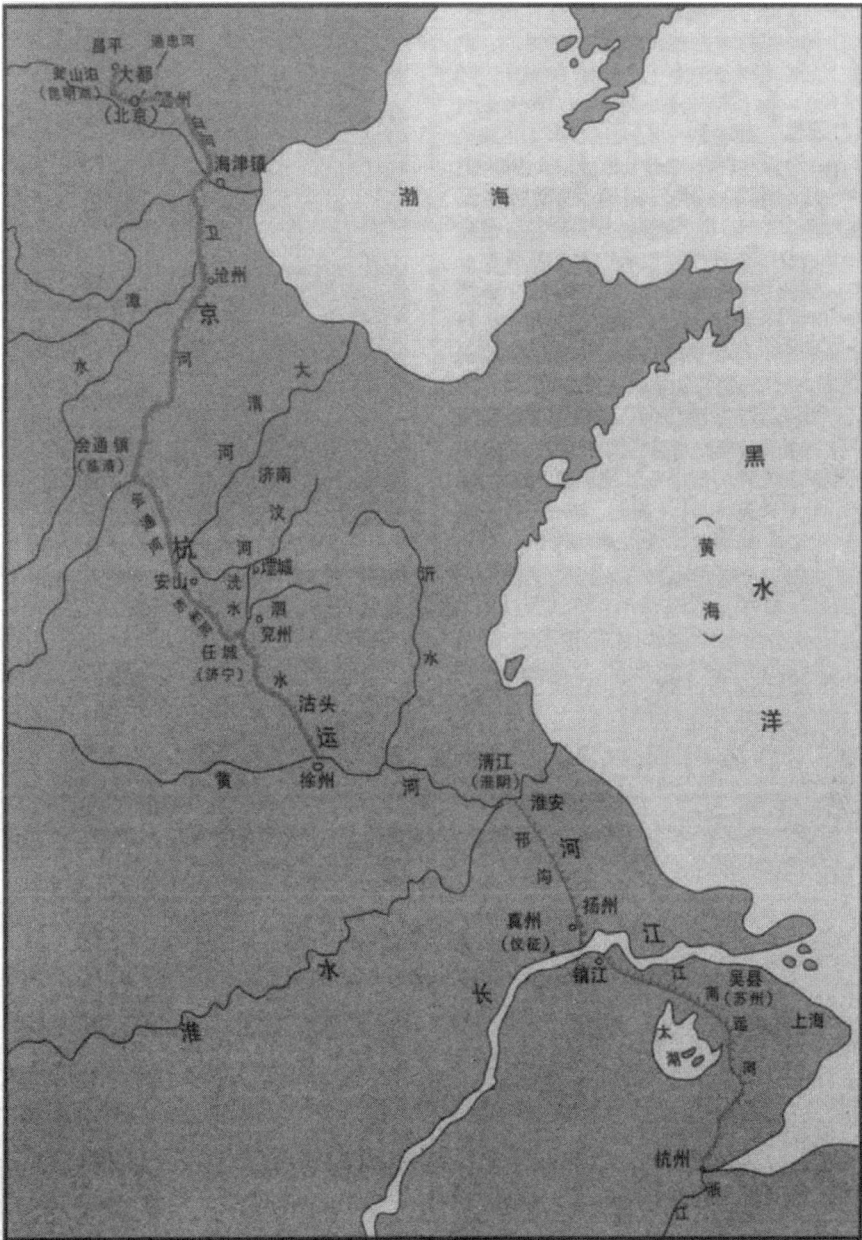

元代京杭大运河

元世祖忽必烈去世

铁蹄踏出的帝国

至元三十一年（1294）四月，元世祖忽必烈去世，终年80岁。

忽必烈（1215～1294），元朝的创造者。拖雷之子，兄为宪宗蒙哥，弟有旭烈兀、阿里不哥。忽必烈为藩王时，就"思大有为于天下，廷藩府旧臣及四方文学之士问从治道"。蒙哥即汗位后，忽必烈总领漠南汉地军国庶事。元宪宗三年（1253），受京兆封地；同年，受命远征灭大理国。元宪宗八年（1258）朝廷兴师伐宋，忽必烈代总东路军，次年（1259）九月，蒙哥病死于合州（今四川合川）。忽必烈得悉留守漠北的幼弟阿里不哥图谋自立为大汗，采纳儒士郝经建议，轻骑返燕京。次年（1260）三月，即汗位于开平，建元中统，确立了"祖述变通"的建国方针。同年五月，阿里不哥也在和林称大汗。是年冬，忽必烈亲征

元世祖忽必烈狩猎图

和林，至元元年（1264）始平。此间，忽必烈于中统三年（1262）镇压了山东李璮的叛乱。至元八年（1271），他取《易经》"大哉乾元"之义，建国号为大元。次年定都大都。至元十六年（1279）消灭南宋，统一全国。此后，他接连派兵远征日本、安南、占城、缅甸和爪哇，均遭失败。同时，平定诸王海都和乃颜的叛乱，巩固了西北和东北边疆的统治。忽必烈在位35年期间，注意农桑，兴修水利，并建立了元代的行政、军事、赋税等制度，尤以行省制度影响深远。忽必烈对巩固和发展统一的多民族国家，促进民族文化与中外文化的交流作出了积极的贡献。

李衎画墨竹

李衎（1245～1320），蓟丘（今北京）人，字仲宾，号息斋道人，是元代较早的文人画竹名家。他曾在太常寺为吏，官至吏部尚书、拜集贤殿大学士，死后追封蓟国公，谥"文简"。

李衎是元初北方文化系中最重要的画家之一。到过一些著名的产竹区，深入观察过各种竹子的生性和姿态，撰写成《竹谱详录》7卷，详述竹子的品种和画竹的技法，对后世影响很大。他说画竹有两种方法，一种是双勾填绿，学五代的李颇；一种是墨笔写竹，学北宋文同之法。李衎画竹好取全景，多以雨、雪等自然现象的变化来渲染气氛，衬托竹子坚韧刚直的个性。在他的传

竹石图（轴部分）。是李衎双钩设色画竹的优秀之作。

093

世作品中，墨竹以《梧竹兰石四清图》最为著名。此图前半画慈竹和方竹各一丛，形态和叶序都画得很准确，表现出他观察和写实水平很高；画卷后半的兰竹飘逸出尘，梧石潇洒浑厚，笔法秀雅，墨彩滋润，是元人墨竹中最杰出的作品之一。李衎的双勾填绿竹风姿秀美，竹叶密而不乱，叶身叶尖的着色都有变化，装饰效果很强，可以《双勾竹图》和《沐雨竹图》代表。《沐雨竹图》中在倾斜的竹杆和下垂的竹叶上似乎可见下滴的雨珠，十分生动自然。李衎还擅长画松石古木，有《双松图》传世。他的儿子李士行也是画竹名家，作有《乔松竹石图》等。

新篁图（轴部分）。此幅墨竹真实、生动、自然，充分体现出李衎敏锐的观察力和写实技巧。

邓牧论君道

邓牧（1247～1306），字牧心，浙江钱塘（今杭州）人，出生于破落的知识分子家庭。南宋末年社会大动荡使他的思想产生了深刻变化。南宋灭亡后，他"抗节遁迹"，拒绝与元朝合作，至死隐居不仕。著有《伯牙琴》传世。

《伯牙琴》之命名，就是借用古代钟子期为俞伯牙知音的典故，希望世上再出现一个能懂得自己"琴声"的钟子期。该书极少直接论及时事，但在谈论山水、叙述寓言以及一般性的言论中包含着对现实政治的深刻批判，尤其是对秦汉以来的君主专制制度的尖锐批判。在《伯牙琴·君道》一文中，他对封建国家的最高政治代表——君主进行了分析。他说，尧舜等上古时代的君主，只为大家服务，并不享有特权，因此当时不以君位为贵，往往互相推让。后世的君主则"竭天下之财以自奉"，凡是能用来"固位而尊养者"，并且"惴惴然若匹夫怀一金"，生怕别人抢占。君位于是成了人们觊觎、追逐的目标。他以此暗示：君主是封建国家中最大的剥削者，君主专制制度是造成社会动荡的根本原因。此外，邓牧还在《吏道》篇中对封建国家大小官吏的巧取豪夺进行尖锐的抨击，对下层百姓造反行为深表同情，认为凡是老百姓造反，必有其不得已的原因。从这些对现实政治的批判论点来看，邓牧可称得上是宋元之际具有民主性、反封建性的一位杰出思想家。

黄道婆革新纺织技术

南宋时期，棉花才在中原及长江流域推广并逐渐扩大种植，棉花加工业也随之开始起步，但其技术相对比较原始。胡三省注《资治通鉴》时说当时（1256 ~ 1285）其工具为铁铤碾子和竹小弓弹棉。至于棉花的用途也只停留在"捻织毛丝"和"棉装衣服"的水平上。棉布在中原是珍贵之物，大约 13 世纪末，棉花加工技术开始在长江中下游地区迅速发展起来。而使这一技术迅速发展的原因乃是黄道婆的实践活动。

黄道婆是松江府乌泥泾（今上海旧城西南九里）人，年轻时她曾流落到崖州（海南岛最南的崖县），在那里学到一些先进的

黄道婆塑像

纺织技术和棉花加工方法。元成帝贞元年间（1295 ~ 1297），黄道婆遇海船返回故乡，将在崖州学到的技艺传授给在这方面相对落后的家乡人民，并由此在长江流域扩散，导致这一地区棉纺织技术出现了一次突飞猛进的发展。

095

木棉纺车模型

　　长江下游地区最初没有踏车、椎弓之类的纺织工具，都是用手除去棉籽，效率十分低下，黄道婆就将造捍、弹、纺、织等一整套工具的制作方法及织布中使用的颜色搭配、综线挈花等技艺悉心传授。用她的方法织成的被、褥、带、帨等的各种纹样、图案，如花草、鸟兽、棋局、字样等，色彩鲜艳，就像画上去的一样。所制作的一种棉被，远近闻名，被誉为"乌泥泾被"。由此推知，她对印染技术，至少对染纱技术已经相当熟练。

　　关于黄道婆所传授的纺织工具，文献没有详细记载。但据王桢《农书》所记载的一些资料推测，可能是木棉搅车、木棉弹弓和木棉卷筵 3 种。

　　木棉搅车是用于碾去棉籽的。《农书》中有其图样，它由 4 根木头作成框架，上面竖立两个小柱子，大约 1 尺 5 寸长，上面用 1 个方木固定，立柱上有一根轴连通，轴的顶端作成一个拐形，由两个人转动轴，一个喂进籽棉，这样棉籽就和棉花分离开来，十分便捷。

　　木棉弹弓是将去籽后的皮棉弹开，以便纺纱，同时还可以将混杂在棉花中的浮土、杂质除去，使棉花洁白匀净。宋代是用小竹弓。这时弓形增大，各有关尺寸也更加合理。

　　木棉卷筳是用来将弹松后的棉花纤维均匀地卷成简条状，以便纱线能均匀连续地从棉花条中抽出，这种工具使用起来也十分灵便。

　　黄道婆的革新使棉纺织生产力大为提高，反过来刺激了棉花种植业的发展，松江一度成为全国的棉纺织业中心。此后，棉织品逐渐普及为普通人民的服装材料。

　　元代纺织业的空前发展，与棉纺织业技术的革新和普及是分不开的。可以说，黄道婆为中国棉纺织业的发展作出了巨大贡献，她的功绩将被人们世代传颂，永远铭记。

社学私学迅速发展

　　社学属于正规教育之外、教育面广泛的一种社会教育。它是元代教育中一个富有特色的教育形式。

　　元代规定每社设立一所学校，选择通晓经书者为学校的老师，在农闲时教农民子弟读书。社学的建立大大加强了对农民的文化教育和农桑耕种技术的传播，有利于朝廷的统治。社学出现以后发展极为迅速，到至元二十三年（1286），各种学校已达20166所。两年之后增至24400余所。社学发展盛况空前，二十八年（1291），诸路设立学校之数为21300多所。

　　元代社学教育由于管理上的疏漏和各方面条件的欠缺，没有能收到切实的办学效果，几乎等于名存实亡。但它毕竟是一种积极的教育发展计划，给后代统治者留下颇有价值的经验和设想。

　　元代的私人教学因受统治者鼓励而得到充分发展，私学不仅促进了一般教育，还补充了学校教育的不足，更有意义的是私学促进了专门学术研究的发展。

　　元代史传中记载了许多靠家学和自学成才的人物，如雷膺、许谦等，反映了元代家学和自学从师现象的普遍存在。私人办学在元朝也较为普遍，如董士选曾聘名儒虞集的父亲虞汲在家塾中教导子弟等，在少数民族及西域诸族居住地区，私人办学者也不少。据《元史》记载，蒙古族的月鲁不花，因受业于韩性先生，"为文下笔立就，灿然成章"。元开国之初，成吉思汗的孙子蒙哥曾命令其弟在征服西域的过程中，把西域著名天文学家送到国内，请其讲授。他还注意学习西方数学，是我国最先接触和翻译欧几里德《几何原本》的人。可见元代各民族学者在兴办私学、研究科学文化方面都表现出极高的热情。

元代作为一多民族国家，其文化教育在民间以私学的形式广泛展开，内容丰富，教育涉及专业技术、宗教、音乐美术等多个方面，反映了多民族国家多元文化共同发展的繁荣景象，为统一国家教育事业的发展，作出了积极的贡献。

周达观著《真腊风土记》

元代，对外贸易十分发达，除了通往西域及中亚地区的陆上贸易外，海上贸易也发展起来。海上贸易的发展带动了海上运输交通的发展，在此基础上，出现了一批海上旅游家，周达观便是其中一个。

周达观（约1270～1350），自号草庭逸民，浙江温州路永嘉县人。元成宗元贞元年（1295）被朝廷派遣出使真腊（今柬埔寨），于大德元年（1297）回国，并著成《真腊风土记》一书。

《真腊风土记》全书共8500字，全面反映了当时柬埔寨的政治经济、风土人情、气候物产等各方面情况，具体内容多达40多项，包括建筑、语言、文字、草木、山水、村落、贸易、耕种等。全书文字虽少，但语句真练。如描写湄公河三角洲一章中，

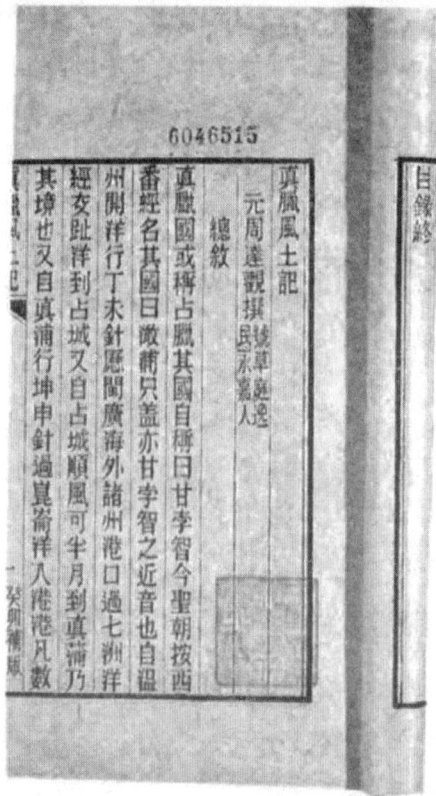

《真腊风土记》书影

吴哥古迹是柬埔寨宗教艺术遗迹的总称，共 400 多处。始建于真腊帝国全盛时期的 9 世纪末。其圆雕作品以"吴哥式微笑"的风格著称。图为吴哥古迹浮雕。

短短百言就将这一带的地理环境、禽兽、耕种描写得淋漓尽致。

《真腊风土记》一书包括很多连柬埔寨国内都无记载的内容，是现存当时人记载柬埔寨情况的唯一著作，因此具有很高的学术价值。国内有多种刊本，国外也有法文、英文、日文等多种译本。

改革江南税制

元朝建立后，对茶叶实行专卖制度。在江州设立榷茶都转运使司，下设榷茶提举司分布各茶区。浙西常湖、福建建宁等地，设茶园都提举司、茶场提领所等，产茶供朝廷、皇室专用。另还有西蜀四川榷茶场使司，统一收购民间茶叶。各地茶商先向茶司纳税，取公据，方可至产区购茶，然后返茶司缴回公据，换茶引，凭茶引贩卖茶货。茶引与茶不能分离。茶司向茶区附近百姓出售小额茶叶时，发放茶由，每由计茶 9 斤，后改为 3 至 30 斤分为 10 等。

初立茶法时，税率是三分取一，但以后不断增涨。原定只要持有引、据，在江南即可不必纳税营销茶叶，运至江北另纳税。后改定在江南一概纳税，增出"江南茶税"3000 锭，引起茶商普遍不满。元贞元年（1295）二月，成宗铁穆耳明令罢免江南茶税，将新增的税额 3000 锭摊入江南茶课正课之中。

元初，朝廷规定除江东、浙西兼纳秋、夏税外，江南其余地区只征秋税。元贞二年（1296）九月，成宗诏定江南夏税之制：除江西、湖广南部外，江南各地均需征纳秋税和夏税。秋税只令输租，夏税则据秋税额折输木棉、布缉、丝棉等实物，或折纳纱。折纳比例，视地区不同而有高低不等，折输实物，随时价的高低而定值。

理学家刘因去世

至元三十年（1293），元代理学家刘因去世。

刘因（1249～1293），字梦吉，号静修，雄州容城（今属河北）人。其父、祖本是金朝人，因此，他自视为亡金的遗血，毕生不肯仕元，在思想感情上与元蒙格格不入，隐居山野，超然物外。

刘因与许衡、吴澄被称为元代三大理学家。亦工诗善画。著有《四书集义精要》、《静修集》。刘因对理学的态度以朱学为宗而杂糅陆学，基本观点完全继承宋代理学，无多少创造。刘因反对丢弃传注疏释而空论，强调反求六经，以六经为根本，在一定程度上看到了宋代理学凭空臆断、自圆其说的疏漏与弊端。

元第一任天主教大主教来华

至元三十一年（1294），受罗马教廷派遣，天主教圣方济各会会士孟特·戈维诺抵达大都，开始了他在中国的传教活动。

孟特·戈维诺生于意大利，他在亚美尼亚和波斯地区传教时，了解到蒙古大汗对天主教的尊奉态度。于是，他携带罗马教廷致蒙古诸汗信件，先后经伊利汗国和印度，抵达大都。这时，元世祖忽必烈已逝。嗣位的元成宗铁穆耳接见了孟特·戈维诺，并允许他留居中国传教。元朝皇帝虽然崇尚佛教，但对其他宗教也采取兼容并蓄政策，所以孟特·戈维诺的传教活动受到元朝政府保护。他先后在大都兴建两所教堂，用鞑靼文字翻译《新约全书》和《旧约》诗篇。大德十一年（1307），罗马教皇任命他为大都大主教，并派遣7名教士前来协助他传教。此后他又设了泉州教区，进一步扩大传教范围。

孟特·戈维诺留居大都，直至逝世。他在中国为3万多人洗礼，是罗马教廷派驻元朝的第一任大主教。

《西厢记》完成

元成宗元贞、大德年间，杂剧作家王实甫完成《西厢记》。王实甫，大都（今北京市）人，名德信，为元曲四大家之一。《西厢记》最早的来源是唐代元稹所写的《莺莺传》，不过给它影响最大的是金代董解元的《西厢记诸宫调》。它和《董西厢》在情节上大致相同，但在各个方面作了进一步加工、发展和提高，使冲突更为剧烈，人物性格更为明朗，心理描写更为细致，语言也更优美。《西厢记》便成为我国古典戏曲中一颗璀璨夺目的明星。

《西厢记》描述的是张生和莺莺为争取自愿结合的婚姻，共同向封建家长斗争，终于获得幸福的爱情故事。围绕着《西厢记》的主题思想而展开的有三对戏剧矛盾。首先是老夫人和莺莺、张生、红娘之间的矛盾，老夫人要把莺莺许配当朝尚书之子郑恒为妻，而莺莺、张生一见钟情，互相爱慕，不顾封建家长的反对，坚持自愿结合的婚姻，红娘则积极帮助他们结合。这就在封建家长所极力维护的礼教与青年一代全力追求的爱情之间，展开了激烈的矛盾冲突，构成一条贯穿全剧的主线。其次是莺莺、张生、红娘之间的矛盾。

他们是剧中的正面人物，有共同的奋斗目标，但彼此猜疑、误会，引起冲突，表面剑拔弩张，实则心心相印、同舟共济，到误会消除，彼此释然，主要矛盾也就被推向高潮。最后是孙飞虎的叛军跟崔莺莺一家、张生以及普救寺僧人之间的矛盾。它爆发为半万贼兵跟白马将军之间的一场战斗，在这一戏剧矛盾中，显示了张生的才能，满足了莺莺的心愿，也转变了红娘的态度，大大加快了剧情的内在节奏。

《西厢记》的重要成就之一是典型人物的塑造。张生、莺莺都出身贵族，

又有着父死家破的共同经历和文艺素养。张生怀才不遇，湖海飘萍；莺莺闲愁万种，无可倾诉。正是这些思想上、感情上的共同基础，使他们一见倾心，情意缠绵，难分难解。但莺莺早已许配郑恒，她要违背母命，撇开郑恒，困难重重。在小心谨慎，处处提防老夫人严酷家法和小红娘随身的监视中，莺莺的性格表现为聪明机警和深藏不露两方面，这跟张生的憨厚、红娘的心直口快，形成鲜明的对照。处在对立面的老夫人，是一个串贯全剧的人物，为了严防莺莺有越轨行为，她不仅不许莺莺潜出闺门，还要红娘行监坐守，是个典型的封建家长的形象，王实甫在《寺警》、《赖婚》、《拷红》几场戏里，一层层撕下她庄严、华贵的面纱，揭示出她冷酷、虚伪的真面目。

《西厢记》是一部抒情诗剧，剧中三个正面人物的唱词，各自带有不同

《西厢记》插图

102

《西厢记》插图

《西厢记》成书略晚于《窦娥冤》。图为《西厢记》的插图。

的感情色彩，张生的唱词爽朗、热烈；莺莺的唱词则表现出封建时代大家闺秀聪慧而又深沉、优雅的风度；红娘的唱词泼辣、爽快，充分表现她勇敢而机智的性格特征。王实甫在描摹环境、酝酿气氛方面，是元人杂剧作者中的高手。像"梵王宫殿月轮高，碧琉璃瑞烟笼罩"、"风静帘闲，透纱窗麝兰香散"、"碧云天，黄花地，西风紧，北雁南飞"等曲子，往往在剧情一开展的时候，就把读者的心情带到作品的典型环境里，给人以美的享受。王实甫能娴熟地运用前代文学作品里许多为人传诵的诗词，来传达主人公热恋和优雅的心情。

　　《西厢记》完成后，在大都的舞台上演，并逐渐流行全国，其艺术生命力一直延续到现在。

王祯发明木活字

大德二年（1298），王祯对印刷技术进行革新，发明了木活字，使活字印刷术得以推广普及。

王祯（1271 ～ 1330），山东东平人，著有《农政全书》，是元朝杰出的农学家、机械设计制造家和印刷技术革新家。

北宋毕升发明胶泥活字印刷术后，因成本高昂，直到元代尚未得到推广。当时仍在大量使用雕版印刷术。这种方法不但费工时，而且所刻雕版一旦印刷完毕大多废弃无用。王祯在毕升胶泥活字印刷的基础上，进行木活字印刷的试验研究，终于取得成功。他试印自己纂修的《大德旌德县志》成功，使之成为中国第一部木活字本方志。

另外，王祯发现木活字在拣字过程中，几万个木活字一字排开，人们穿

王祯发明的转轮排字盘，直径78厘米，高36厘米。

梭来往很不方便，于是他就设计制造了转轮排字盘，从而为提高拣字效率和减轻劳动强度创造了条件。

王祯不仅成功地进行了木活字印刷实践，而且还是详尽地将整个工艺过程记述下来的第一人。他在所撰的《农书》中附录《造活字印书法》，详细介绍了他发明的"写韵刻字法"、"锼字修字法"、"作盔嵌字法"、"造轮法"、"取字法"、"作盔安字刷印法"等具体操作。反映出王祯构思之巧妙和元代木活字印刷的发展。

木活字的发明，是印刷史上的一个重大事件。王祯之后，木活字印刷便推广开来。尤其是转轮排字法使用起来十分方便，大大提高了工作效率。这使得木活字印刷在中国古代的盛行程度，仅次于雕版印刷。

此外，王祯在《造活字印书法》中提到"近世又铸锡作字"，可以得出，锡活字在王祯之前便已发明，只是元朝由于"难于使墨"而不能久行。这是世界上关于金属活字的最早记载，在印刷史上具有重要意义。

玉京书会形成

玉京书会是元杂剧作家在大都（今北京）建立的一个创作组织。

当时，大都是元杂剧创作和演出的中心，北方杂剧作家全部集中在大都，为书会的建立奠定了坚实的基础。关汉卿、杨显之、白朴、岳伯川等人都是玉京书会的成员，其中关汉卿最有名，被公认为书会的领袖。

杂剧砖雕

玉京书会里的作家称为才人。才人编写剧本大多是为生活所迫，因此他们的创作通过勾栏、瓦舍的艺人演唱，反映了下层劳动人民的意志和愿望。同时，才人与艺人之间亦建立起相应的友谊关系。他们之间互相合作编写剧本，这成为书会的创作特点之一。

书会的另一个创作特点就是才人们之间互相竞赛，如关汉卿被称为"捻杂剧班头"，马致远被称为"战文场曲状元"，都是由他们竞赛而得来的。

玉京书会创作的最鼎盛时期是元成宗的元贞、大德年间。玉京书会的形成促进了元杂剧的发展。

蒙古地毯鼎盛

蒙古地毯的生产是蒙古草原的传统产业，元王朝的建立，使蒙古族入主中原，政治地位的极大提高，使这一产业获得了一次大发展的契机，工艺水平也极大地提高，蒙古地毯的生产和流行进入鼎盛时期。

元代地毯生产中心主要是蒙古草原，品种十分繁多，色彩也各异。主要品种有宫庭王府专用的铺殿毯，走廊毯、适应宗教活动场合的拜佛垫、龙抱柱毯、佛帘毯、庙门帘毯等。但最为繁多的当属日常生活用的毛织品，蒙古包毯、与褥，马鞯、驼鞯、壁毯、钱褡和城市使用的炕毯等在其中占有很大比重。这些民间使用的各类毯子，以三蓝加白最为普遍，其他还有明黄、绛红、杏黄、橘红等暖色调织品，并随产地不同而呈现各自不同的特色。色彩、纹样多姿多彩，如银川的蓝地彩色开光纹样炕毯，绥远的素三蓝马鞯、马褥、蒙古包，包头的几何图样地花、蓝白彩花、三蓝素色大炕毯、单人毯等等。

银川一直是宫廷权贵使用名贵地毯的产地，这些地毯的纹样题材广泛，梅花、牡丹、宝仙花多种多样。八宝、八吉祥、暗八仙、龙纹、拐子草龙、福寿字、卍字，回纹、联珠纹、几何锦应无所不有。尤其是在很大程度上受伊斯兰风格和工艺的影响，使其织造技术大为提高，奠定了其在地毯织造业上的重要地位。

据文献记载，元朝有一种花毡花毯，织造的技术水平很高，精美豪华，艺术价值很高，但十分遗憾的是，没有一件这种实物传世。还有一种脱胎于蒙古传统纹样的由纵横直接织成的几何图形与串枝勾滕穿插组合的抱角花，用一面轻，一面重的鸳鸯配法配色，锈红为主搭配三蓝、白色、驼色。显得十分富丽。

蒙古地毯织造在元代十分鼎盛，技术水平臻于完美，标志中国民族地区工艺美术在融合汉民族及外来民族某些优秀成果的基础上，已有长足的发展。

中国文化传入欧洲

在元代，中国文化通过各种渠道传入欧洲，为推动欧洲各国的发展作出了重大贡献。

威尼斯商人的后代马可·波罗（1254～1324）于1275年到达元朝的上都开平，在中国居住了17年。1295年，马可，波罗在回到故乡威尼斯后口述《东方见闻录》，被人们辗转传抄，称为《马可·波罗游记》。马可·波罗在游

秀野轩图（部分）。朱德润作。所作为朱之好友周景安的住宅。图中用笔疏秀，笔画苍润清逸，设色雅淡，不愧为朱氏著名之作。

记中报道了元朝统治下的这个丝瓷之国生气勃勃的景象，赞扬这个领土辽阔，繁荣富强的国家有着惊人的财宝和出众的新发明。马可·波罗的记述引起了欧洲人的强烈兴趣，1289 年罗马教皇派遣孟高维诺出使中国，在大都传教。此后来华的意大利传教士和商人日益增多，对中国的报导也逐渐成为意大利社会的热门话题，这些都证实了马可·波罗亲眼所见并非子虚乌有。但直到那时，欧洲尚不知中国是造纸、印刷、制瓷和航海罗盘的母国，他们往往以为那是阿拉伯人、波斯人首创的发明。

欧洲人学会了使用火药、火器。欧洲使用火器的最早记录，见于 1304 年意大利北部的伦巴地，1315 年佛罗伦萨也有相似的记载。英国、法国也相继使用火瓶、火罐。1388 年，英法交战时，法国人在卢昂使用了由一磅硝、半磅活硫磺当火药的铁罐，相当于金人的轰天雷。此后，在欧洲战场上进入了使用管形火器的时代。欧洲在使用火器方面一开始便使用铁制铳身发射管。14 世纪，几乎和元末明初在中国战场上大量使用铜制火铳的同时，欧洲也迅速采用了这种新颖的管形火器。

中国式网格地图的绘制和航海罗盘的使用，促使欧洲在 13 世纪末向绘制精密的实用航海地图大大迈进了一步。经过伊朗的传递，网格式地图也曾引起欧洲地理学家的兴趣，意大利的马里努·萨努图在 1306 年他的巴勒斯坦地图上，使用了经纬线交叉的网格画法。大约在 1280 年以后，欧洲代替传统的 T-0 寰宇图的体系，绘有交叉的罗盘方位线和矩形网格的实用航海图。它的实用功能对于正在开拓海外世界的地中海基督教国家起了不可估量的作用。

在元代，最后一股从中国推向欧洲的文化潮在方兴未艾的油画中留下它的踪迹。锡耶纳画派的画家西蒙尼·马尔蒂尼在 1328 年为锡耶纳市政厅会议室所作壁画《基多里西奥·达·福格利安诺》中，吸取了中国山水画的布局。把这位将军置于画幅中央，山寨城堡和营幕帐阵分置两旁，营垒布置吸取了宋代以来建筑描绘中的写实手法所侧重的鸟瞰式界画的形式，栅栏成波状展开，旌旗营帐在山间半隐半现，类似于宋元以来中国版画艺术中的表现手法。而在此之前，在欧洲绘画中很难发现相仿的实例。在马尔蒂尼的其他作品中，还淋漓尽致地描绘出意大利贵族身穿中国绸缎袍服的画面。

道士石棺厚饰

元代初期尊崇道教,统治者善待道士。道士死后用石棺厚葬之风由此而起。如陕西终南山重阳宫的"玄都至道真人"(天师)宋德方死后,统治者将其尸骨迁葬于山西芮城永乐镇,并为其建祠奉祀。其石棺绘刻十分华

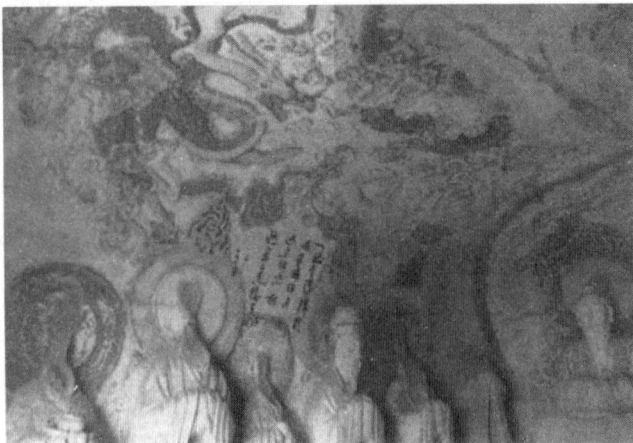

吴天观石窟三清龛天花。该石窟为元代道教全真派道士宋德芳所建,共有8个洞窟,是国内唯一的道教石窟。

丽,工细绝伦,刻画的人物与宫殿等内容似与道教无关,其中人物衣纹刻画挺拔简要,极见精神,与元人绘画风格颇不相同。这样的石棺厚葬是过去方外道士所不曾享有的。又如道士潘德冲墓葬石棺。其石棺前档绘刻演戏场面,两侧及后堵刻有《二十四孝图》,尤以前档的舞台演戏最精彩。往前档上部刻有玉雕栏楯,华楼高耸;中间刻绘栏杆以分上下。台上四个角色,有一穿官衣,怀抱笏板的,是"装孤色",左边有一手含口中吹哨音者,为"副净色",右边有一双手扬起作势者,应当是作滑稽表演的"副净"。其后还有一穿袍者,仿佛是"末泥"角色。戏中人物装扮,很像河南偃师县宋墓和山西稷山县金墓出上的砖雕杂剧人物。图中的戏楼建筑形式,在至今出土的戏曲文物中从未见过。可作为研究宋元剧曲史的文物资料。

元朝

1301A.D. 元大德五年

六月，围征八百媳妇军。八月，金齿邀击攻八百媳妇军；遣兵攻之。诗人、书法家鲜于枢去世。

1302A.D. 元大德六年

征八百媳妇军为宋隆济遮杀殆尽。数学家朱世杰著成《四元玉鉴》。

1303A.D. 元大德七年

三月，遣使宣抚诸道，罚劾罢脏污官吏 18473 人，平冤狱 5171 件。三月，《大元大一统志》成。

1304A.D. 元大德八年

封张陵 38 代孙为正一教主。北天师道与上清等派合流。

1307A.D. 元大德十一年

正月，元成宗死；二月，兄子爱育黎拔力八达至大都监国，迎其兄海山，五月，海山即位，是为武宗。罗马教皇在汗八里（大都）设立主教区。马端临完成《文献通考》。

1308A.D. 元武宗海山至大元年

二月，立鹰坊为仁虞院，秩正一品，右左丞相并为仁虞院使。

五月，禁白莲社，毁其祠宇，以其人还隶民籍。

1309A.D. 元至大二年　九月，行大银钞，一两准金一钱、银一两、至元钞五贯。

初铸钱，于大都立资国院，山东等地立泉货监六，产铜地立提举司十九。

1302A.D.

教皇邦内非斯八世公布教令，宣称整个基督教教会仅能有一个元首，其权力应在任何世俗国家或国王之上。法兰西腓力四世于本年召集"三级会议"，为市民阶级参加政治之开始。

1303A.D.

意大利著名诗人但丁于本年被逐出佛罗伦萨。其著名作品如《青春》与《神曲》等，俱流放后作品。

1308A.D.

法国安茹伯查理·罗伯特当选为匈牙利王，称查理一世，自此开始安茹王朝之系统。

1309A.D.

教皇克雷门特五世正式将教皇宫廷迁至法国南部之亚威农城。自 1305 年至 1378 年止，在教会史上称为"巴比伦流亡期"。

111

铁穆耳死·大都发生政变

大德十一年（1307）正月，成宗铁穆耳死于玉德殿，年仅42岁。因皇太子德寿早亡，皇位空悬，因此成宗之死引发了一系列宫廷流血冲突。

左丞相阿忽台与皇后卜鲁罕密谋，先奉卜鲁罕皇后临朝称制，再推世祖之孙安西王阿难答为帝。阿难答承袭父封，镇守河西，拥兵15万，在成宗死前与诸王明里铁木儿赶到大都。而中书省右丞相哈剌哈孙则暗中抵制，他属意于铁穆耳兄答剌麻八剌的儿子海山和爱育黎拔力八达。这时的海山封怀宁王，拥兵坐镇阿尔泰山；爱育黎拔力八达与母亲答

铁穆耳（成宗）像

己居住在怀州（今河南沁阳）。哈剌哈孙遣密使北迎海山，南迎爱育黎拔力八达，又收百官符印，封百库，称病不上朝，守宿宫掖之门。

二月，爱育黎拔力八达与母亲答己到达京师，并与哈剌哈孙取得联系。为抢在三月三日卜鲁罕皇后称制前举事，他们不待海山赶来，便于三月二日由爱育黎拔力八达率兵入宫，擒阿难答，斩阿忽台，自称监国。

爱育黎拔力八达发动政变成功，在京城的蒙古宗王及一些大臣即请求他即帝位，其母答己也赞成次子即位。而海山得哈剌哈孙急报后，便赶至和林，召诸王议事。诸王欲拥他为帝，海山说与母、弟见面后再定。后来听说爱育黎拔力八达自称监国，心颇不悦。他的母亲答己玩弄骗局，派近臣劝海山，如果他即帝位，按阴阳家推算，必将短命早亡。海山不信，派心腹康里脱脱向答己表示：自己次序居长，理应为帝。同时亲率精兵，分三路直趋上都，

答己和爱育黎拔力八达闻报大惊，自量无力与海山争夺，于是率众北上。五月，与海山在上都相会，决议废卜鲁罕皇后，将她迁往东安州（今河北武清西），赐死。并诛杀安西王阿难答及诸王明里铁木儿。二十一日，海山在大安阁即位，是为武宗。

元人着质孙

　　"质孙"是蒙古族的庄重服饰，也称"只孙"。蒙古人入关后，质孙被定为天子百官的朝服、祭服，但日常仍作为蒙古族的服饰。

　　质孙在蒙古话中为"颜色"之意，汉人译为一色衣，形制是上衣连下裳，衣式较紧窄，下裳较短，腰间打细折，用红紫帛拈成线横缠于腰，在衣的肩背间贯以大珠。质孙的质料初用毡罽革，后用纻丝金线，有红、绀、紫、绿等颜色，衣服上绣有日、月、龙、凤纹等。元代天子的质孙，冬服有 11 等，夏服有 15 等，穿什么衣料、色泽的衣服，就佩戴什么帽子。帽子也视其花样而分等级。其他百官的质孙冬服 9 等，夏服 14 等，也以其衣料与色泽相区别。

钧窑双耳三足炉

身着质孙或长袍之时，腰束革带。百姓则以布条系腰。

　　大德以后，男子的公服多从汉俗，男子便装更是各从其便。

　　袍子仍是元代妇女的礼服，贵族妇女的长袍其长曳地，行走时要两个婢女拽之。而一般妇女则穿袄裙、衣裙或窄袖襦衫。

姑姑冠是蒙古族妇女最有特色的首服，约高2尺，"用四五尺长柳条或银打成枝，包以青毡"，插上羽毛，主要是后妃及大臣之妻佩戴。

元代别具一格的服饰为中华民族服饰文化增添了异彩。

元官窑受伊斯兰风格影响

宋代的六大窑系原为一半官窑、一半民窑，元以后，全部转变为民窑，这样，元朝的官窑就以景德镇为主体了。元代景德镇官窑受到西亚伊斯兰教地区风格的影响，与民窑开始分道扬镳，走上了各自不同的发展道路，为后世官窑、民窑泾渭分明风格的形成打下了基础。

元代官窑受伊斯兰风格影响的原因有二：一是蒙古人重视工艺。重视工匠，在战争中搜罗了各地工匠。西征时带回的大批西亚工匠，被编入官营作坊，并将其作

钧釉花口双耳驼座瓶

为骨干，令其传授技艺。发达的伊斯兰工艺技术（包括陶瓷、金工等）使元代工艺美术出现了新成就，尤其是导致了陶瓷工业的巨大进步。二是元统治者为充分体现封建等级制度，对民间作坊在器形、纹样、色彩、质地上加以严格限制，种种禁忌与商品规律的共同作用，将民窑推上了不同于官窑的发展轨道，使其很少受到外来因素的影响。

在彩釉的创制方面，青花的成熟并成为元代陶瓷的代表，是深受伊斯兰风格影响的结果。由于西亚盛产钴料，这些地区很早就知道用它来装饰陶器，公元9世纪已经出现了青花、唐三彩。元青花所用的钴料都是从这些地区进口的。元中期创制出中国青花以后，技术水平远远超过了这些地区原有水平，

因而大量返销，反而影响着伊斯兰地区的青花瓷器的生产，钴蓝釉的产生也是这一影响的结果。釉里红的出现以及铜红釉的产生很可能是受西亚伊斯兰拉斯塔彩影响和启发后创制的。这些彩釉的创制，彻底改变了中国原无红彩、蓝彩的局面，使中国陶瓷的色彩更加丰富而鲜艳明丽。

海山立弟为太子

大德十一年（1307）五月，海山立弟为太子。

武宗海山在即位前曾与其弟爱育黎拔力八达定有协议：先由海山即皇位。作为回报，海山应立爱育黎拔力八达为皇太子。海山死后，其弟继承皇位，之后再传海山之子。兄终弟及，叔侄相传。大德十一年（1307）五月，海山即位，即立其弟爱育黎拔力八达为皇太子。

按照世祖旧例，应专为皇太子建立一支卫军。但武宗却提出将五卫军中的中卫改为卫率府，隶属东宫。爱育黎拔力八达看出这是一种临时性改动，坚持要遵循世祖旧制，另立一卫。武宗无奈，

海山（武宗）像

拖延一年后勉强同意。皇太子手下有些人得寸进尺，提出再选10000蒙古军隶属东宫，爱育黎拔力八达警告不要贸然从事，给武宗以废储的借口。

至大三年（1310），尚书省左丞相三宝奴等迎合武宗旨意，谋立皇子和世㻋为皇太子，宦官李邦宁亦劝武宗废弟立子。而尚书省右丞相康里脱脱认为爱育黎拔力八达当年抢夺皇位有功，且已有"兄弟叔侄世世相承"的协定，坚持不同意废立。三宝奴等虽然认为不妥，但废立之事也就搁置。爱育黎拔力八达即位后，以变乱旧章罪诛杀了三宝奴。

阿尼哥作塑像

阿尼哥（1244～1306）是尼波罗国（今尼泊尔）人。出身王族，擅长绘画、塑像、铸造及建筑。中统元年（1260），元世祖诏命帝师八思巴在吐蕃建造黄金塔，在波罗国征得工匠80人，年仅17岁的阿尼哥正是领队。八思巴赏识阿尼哥的才识，命他负责此项工程。第二年，黄金塔建成，阿尼哥削发为僧，并拜八思巴为师，随之到了大都（今北京）。奉元世祖之命修复明堂针灸铜像，至元二年（1265），铜像制成，关鬲脉络俱全，其精湛技艺令金匠叹服不已。至元十五年（1278），阿尼哥奉元世祖诏命还俗，被授以光禄大夫、大司徒，"宠遇赏赐，无与为比"。他先后领建9座寺庙、3座塔、2座祠堂、1座道宫。两京（大都、上都）寺观塑像，大都出自阿尼哥之手。他用织锦制作的诸位皇帝御像，论其形神，为图画所不及。阿尼哥代表作今存有大都圣寿万安寺白塔（今北京白塔寺白塔）。阿尼哥在建筑、雕塑上均引进尼波罗风格，使中国雕塑史上传自印度的汉式造像转变为传自尼波罗的梵式造像。

印染工艺向民间普及、发展

宋代的印染工艺被严格地限制于官营手工业作坊中，政府禁止民间雕造印花版。到了元代，这种情况已大为改观，印染工艺已向民间普及并获得较大发展。

元朝政府非常重视染织工艺，设立了许多官营印染和织造作坊，并在政策上加以扶植，如主管织造和印染的官员的品阶相对较高，政府强令百工改业学织等。在这种情况下，印染工艺获得了极大发展，尤其是媒染技术愈趋成熟。其所用染色法有：染小红、染枣褐、染明茶褐、染暗茶褐、染艾褐、用皂矾法、染搏褐、染青皂法、染白蒙丝布法、染铁骊布染法、染皂巾纱法等，工艺手段极为齐全。颜色的种类十分丰富且分类细致，全部颜色约 40 余种。而值得注意的是，其中褐色就占一半左右，约分 20 种，这种情形在元代陶宗仪所著《辍耕录·彩画法》中被详细地列出名目。

褐色是低明度高含灰量的混浊色，色彩纯度很低，色味的倾向较难分辨，但其性格温和。现代色彩学上称其为"高级灰"。元代民间能将各种色味倾向的褐色作出如此细致的分类，反映出当时人们对生活色彩方面的认识达到了极高水平。究其原因，主要是统治者为了巩固封建

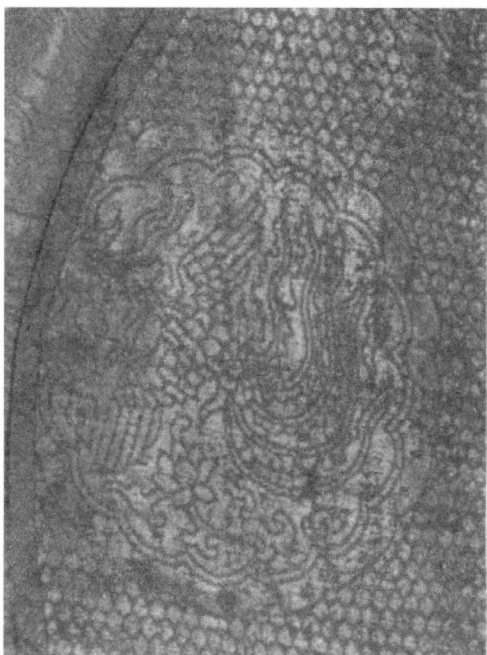

元团龙凤龟子纹纳石矢佛衣披肩局部花纹

棕色罗刺乡花鸟纹夹衫，衬里为米黄色绢。

117

等级制度，对人民的服饰色彩加以种种严格的限制。平民、奴婢、工商业者只允许穿黑白及褐色服装，甚至下层官吏的规定服色也为一些褐色，以标示其官阶品位。同时，宋代崇尚素雅的习惯也被当时人们所继承，对色彩的追求导致褐色服饰需求量的增加。

元代商品经济的极大发展，使人们对价值规律有了初步认识，遍布全国城乡的染织作坊，虽然在生产条件上远远逊于官营作坊，还必须承受官府对其剥削，但民间印染工艺却不断地向前发展并在工艺水平上获得较大进步。这一方面说明技术进步是社会发展到一定阶段无法阻挡的趋势，另一方面也说明我国劳动人民不仅敢于在斗争中求生存，更善于在斗争中求发展。同时民间印染工艺的发展又促进和刺激了全社会印染工艺的极大进步。

元禁白莲教

至大元年（1308）五月，武宗以白莲教聚众反元者增多为由，下诏禁止白莲教，拆毁祠宇堂庵，命徒众皆还隶民籍。

白莲教又称白莲宗、白莲社、白莲会，是佛教净土宗的支派。南宋初昆山僧人茅子元创于淀山湖，崇奉阿弥陀佛，提倡不杀、不盗、不淫、不妄语、不饮酒"五戒"，徒众以"普、觉、妙、道"四字命名。入元后大盛，堂庵遍布南北，以庐山东林寺与淀山湖普光王寺为中心。堂庵主持多娶妻生子，父死子继，世代相传。然而在传播过程中，教义逐渐发生变化，渗入弥勒佛信仰，教内宗派林立。有的教徒利用传教之机，组织反元活动。如都昌杜万一、彰德朱祯宝、柳州高仙道等。于是至大元年（1308）五月，武宗下诏禁止白莲教。庐山东林寺善法堂主持普度闻之，慨然以复教为己任，率弟子10人，"芒屦草服"，于十月到达大都。并设法向皇太子爱育黎拔力八达进献自己所著《庐山莲宗宝鉴》。皇太子对此书大加赞赏。普度请求皇太子帮助解禁白莲教，未成。至大三年（1310）正月，普度向武宗上千言书，力证白莲教有益教化，闹事者只是少数。武宗诏慰抚普度，但未准允复教之事。至大四年（1311）正月，武宗驾崩。三月，爱育黎拔力八达即位，是为仁宗。普度再次上书请准恢复白莲教的合法地位，同年闰七月，仁宗颁旨解白莲教之禁。普度被视为白莲教功臣，被封为"白莲宗主"。

《大元大一统志》编成

大德七年（1303）三月，《大元大一统志》编成。

元朝统一中国后，版图疆域之广阔前所未有。前朝的地理图志已显落后。元世祖遂于至元二十三年（1286）命扎马剌丁、虞应龙等编纂元朝地理总志，于三十一年（1294）完成初稿 755 卷。后又有《云南图志》、《甘肃图志》、《辽阳图志》，由孛兰肹、岳铉等主持重修，于大德七年（1303）三月完成，共 600 册，1300 卷，定名为《大元大一统志》。此后多年该书藏于秘府，未曾刊行。直到顺帝至正六年（1346）始由杭州刊刻颁行。

《大元大一统志》继承前朝舆地图志成例，所记路、府、州、县事，分为建置沿革、坊郭乡镇、里至、山川、土产、风俗形势、古迹、宦迹、人物、仙释等部门，所引资料，江南各行省大多取材于南宋的《舆地纪胜》等旧志；北方诸省则取自唐《元和郡县图志》、宋《太平寰宇记》等旧志；边远地区的材料主要来自当时新编的云南、甘肃、辽阳图志等。

《大元大一统志》内容广泛，叙事详备，是中国古代最大的全国地理总志。该书已散佚，只存赵万里辑本 10 卷。

元杂剧兴起

元代杂剧是在前代戏曲艺术宋杂剧和金院本的基础上发展起来的一种戏剧样式。它的最初出现大致是在金末元初，其间经历了从不完备到完备的发展过程。杂剧体制的完备、成熟并开始兴盛起来是在蒙古王朝称元以后。到了成宗元贞、大德年间，杂剧的创作和演出进入鼎盛时期。

杂剧最初流行于北方，以大都（今北京）为中心，遍布河南、河北。受方言的影响，它有不同的声腔流派。魏良辅《南词引正》说杂剧声腔中有中州调、冀州调和小冀州调。这种北方声腔的剧种，很快流行于全国。元代前期城镇

杂剧。画面中5个演员并列一排，形象各异，两侧各有伴奏者2人，展示了早期元杂剧演出的情况和生旦净末等各种角色。

经济的相对繁荣为元杂剧的兴盛提供了物质条件和群众基础。钟嗣成《录鬼簿》记录的元杂剧前期作家和夏庭芝《青楼集》记录的元杂剧演员，大部分集中在大都等城市。元代文人社会地位低下，促使大批文人投身于杂剧创作，这对元杂剧的兴盛起了关键性的作用。在金元之际战乱中，文人沦为奴隶的极多，且元代实行民族等级制，汉民族的社会地位普遍降低，文人不受重用。蒙古灭金以后，废除科举，在将近80年间断绝了文人从科举进升的道路，他们有的跻身小吏，有的归隐田园，有的流落民间。这几方面的因素在总体上造成了元初文人社会地位的普遍低下。文人社会地位的低下，使一大批文人以杂剧创作谋生，大大壮大了杂剧创作队伍，提高了杂剧创作的质量，他们对杂剧的爱好也造成了广泛的社会影响。同时，社会地位的低下也促使文人作家更深切地感受到人民群众的思想感情和生活愿望，更广泛地接触和了解社会。成书于文宗至顺元年的《录鬼簿》中记载的元代后期剧作家大多活动于南方，这都说明杂剧最后发展成了全国性的剧种。杂剧开始南移当是在南宋王朝灭亡、元王朝统一全国以后。元世祖至元二十七、二十八年，即宋亡以后的11年左右，当时在江南溧阳做官的元淮就有诗咏及马致远《汉宫秋》和白朴的《梧桐雨》等剧本（《金囵集》），这时距元贞元年只有四五年，而到元贞、大德年间，杂剧已是"举世行"，关汉卿、白朴等人的作品也已是天下流行了。

元杂剧在结构体制上一般是一本四折演一完整的故事，只有个别的是一本五六折。每一折大都包括若干场次。有的杂剧还有"楔子"，篇幅短小，一般放在剧前，杂剧剧本包括唱词与宾白两大部分，唱词是剧本的主体。宾白大致可分为两类，一是有韵的诗白，一是无韵的散白。此外，剧本还规定了主要动作表情和舞台效果，叫做科范，简称为"科"。

杂剧。画面由乐队及舞儿组成。因其中有琵琶出现，说明杂剧发展到元代晚期已有弦乐伴奏。

在音乐体制上，杂剧每折限用同一宫调的曲牌组成的一套曲子。演出时一本四折都由正末或正旦独唱，其他角色只有说白，分别称为"末本"或"旦本"。杂剧一般分为四大类：一是旦，即扮演妇女的角色，女主角叫正旦，其余为外旦、老旦、小旦、贴旦、花旦等；二是末，即扮演男子的角色，男主角叫正末，其余如外末、付末、冲末、小末等；三是净，即扮演反面人物或滑稽人物的角色，有副净、净、丑等；四是杂，指以上三类之外的登场角色。

元代杂剧所反映的社会生活比以前的文学较广泛和深入，尤其突出的是一些社会地位低下的普通人民普遍地被写入作品，乃至成为主要的正面人物形象，扩充了宋代话本，在这方面开拓了新领域。

白朴作《梧桐雨》

白朴（1226 ~ 1306），元代杂剧作家，为元曲四大家之一。字大素，号兰谷，初名恒，字仁甫。隩州（今山西河曲附近）人。他自幼聪慧，善于默记，早年习诗赋，父亲白华曾任金朝枢密院判官。白朴幼年时逢金国覆亡，饱经战乱，幸有金末诗人元好问多番扶持并加以教育，得以具备较高的文学修养。金亡后，白朴随父依元名将史天泽，客居当时北方重要的戏剧演出点真定，后又漫游

121

大都（今北京），与关汉卿一同参加过玉京书会，并到过汴梁（今开封）、杭州等戏剧演出较盛的城市，终身未仕。白朴一生作有杂剧16种，现存《墙头马上》和《梧桐雨》两种，都是元杂剧中的优秀作品。

《梧桐雨》全名《唐明皇秋夜梧桐雨》。根据唐人陈鸿《长恨歌传》改编而成。标目则取自白居易《长恨歌》"秋雨梧桐夜落时"诗句。该剧叙述的是唐明皇与杨贵妃的故事。前三折写唐明皇在唐朝进入"开元盛世"后，自以为天下太平，宠爱杨贵妃，长生殿上，沉香亭舞霓裳，朝歌

杂剧演出图（壁画）。其中身穿红袍，双手执笏板的可能就是忠都秀（主要演员的艺名）。

暮宴，荒废朝政，导致"西风渭水，落日长安"的败象和六军诛杀杨贵妃而"君王掩面救不得"的惨景。通过舞台艺术形象表现了封建王朝盛极而衰的历史过程。后一折根据《长恨歌》"春风桃李花开日，秋雨梧桐叶落时"的诗意，通过细致的心理刻划来表现人物的精神面貌，把唐明皇忆旧、伤逝、相思交织搅扰的心理和雨打梧桐的凄凉萧瑟的氛围融为一体，形成一种诗剧的境界。

白朴的《梧桐雨》最富于时代特色。通过唐明皇的形象和遭遇，概括了一代王朝兴亡的变化。作品既保留了对李、杨爱情的欣赏和同情，又根据作者自己的时代感受，加强了对李、杨骄奢淫逸的批判力度。在李、杨爱情故事背后，隐藏着国家兴亡的重大主题，剧中弥漫着的那种人世沧桑的感伤情调，就带有金亡国的时代特征。这也成为《梧桐雨》的一个重要艺术特色。

《梧桐雨》是白朴的代表作。全剧结构层次井然，曲词文采飘逸而又本色自然，诗意浓厚，具有强烈的艺术感染力，对后来的戏曲影响很大。

刘玉建立净明道

　　净明道的最初信仰可上溯到西晋时的道士许逊时期。许逊得道于吴猛，提倡孝道。唐高宗时，道士胡惠超、张蕴、郭璞被称为净明道三师。北宋历朝皇帝皆尊崇净明道。但净明道作为教派名称正式出现是在元代，由隐居儒士刘玉创立。

　　刘玉（1257 ~ 1310），元初南昌西山隐居儒士，自称25岁时遇西山道士胡惠超，胡告知"净明大教将兴，当出八百弟子，汝为之师"，于是建立腾胜道院，以善道劝化。据说刘玉于元成宗元贞二年（1295）得许逊降授《玉真灵宝坛记》，次年又得净明监度师郭璞降授《玉真立坛疏》。后再得净明法师胡惠超降授道法和三五飞步正一斩邪之旨。又自称得许真君再授《中黄大道》、《八极真诠》，并委其为800弟子之首。这样，十几年间，刘玉道书初备，弟子拱尊，于是正式建立净明道宗，以许逊为第一代祖师，他本人为第二代。刘玉成为净明道的正式创始人。首次采用净明道作为教派名称。

　　净明道的宗旨是"净明忠孝"。"何谓净？不染物；何谓明？不触物；不染不触，忠孝自得"。净明家认为人心本来是纯净透明的，但为后天物欲私情所蔽而不净不明，修净明之道，就是教人清心寡欲，正心诚意，不为利欲所动，无贪瞋、无偏狭、不怨怒。在修心的同时还要践行，即要尽忠尽孝，而且要把忠孝的行为加以扩充。刘玉全力维护宗法制度，毫不掩饰地说"忠孝只是扶植纲常"，虽然世儒把这当成陈词加以忽略，净明道"却务真践实履"。净明道功过格中有"救世"的教法，救助饥渴、寒冻之民，埋葬无主之骨、无土之尸，周济行旅，修桥补路，济生利民，远近闻名，仰向从游者众。由于净明道强调忠孝践履和行善积德，因此得到元朝贵族与学界的赞许、支持和下层民众的广泛崇敬。

　　但是净明道毕竟还是道教，也要讲修道成仙。不过它鄙薄传统的内丹外丹、辟谷吐纳等道术，认为净明忠孝的修养和实践乃上乘内丹之道。它追求的长生，不是肉体永存，而是德性不亏，与儒家的圣贤极为接近。净明道亦讲用符箓祈禳，但主张行符法应以内修为本，以至诚感动天地。

净明道把儒家伦理直接化为宗教教义和戒律，用道教的宗教形式去包容儒家修身济世的人本内容，这是一次儒学宗教化的成功的尝试，是道教史上相当新颖独特的改革；同时也是道教向儒教靠拢的表现。但却是以丧失道教自身传统特点为代价的。

白云宗摄所复立

白云宗是华严宗支派，宋大观年间由僧人孔清觉创建于杭州白云庵，以不事荤酒、不娶妻子、躬耕自活为宗旨，入教者称"道民"。南宋时因戒律废弛曾几度被禁。入元后发展很快，徒众数以万计，元廷乃设江南白云宗都僧录司加以统摄。后因白云宗上层僧侣勾结豪强，为恶地方，大德十年（1306）朝廷罢白云宗都僧录司，遣散其徒，所占田地全部输租。至大元年（1308）三月，元廷在杭州重新建立白云宗摄所。

清查全国屯田

由于屯田废弛情况严重，至大元年（1308）十月，朝廷中书省派人清查全国屯田情况。

蒙古国时期，为解决军粮供应问题和安抚已被征服的民众百姓，政府曾在西北

纯阳老祖图（部分）。纯阳老祖即吕洞宾，唐末道士，号纯阳子，京川人。其理论以慈悲度世为成道路径，对北宋道教理论的发展有一定影响。全真道奉为北五祖之一，通称"吕祖"。

地区与蒙、宋交界地区开辟屯田。元建国后，各级军政皆立屯田，以资军饷。屯田土地主要是官田，以荒田旷土为多，江淮地区和中书省所管辖地区的屯田最为集中，海南、岭北、云南及吐蕃地区则相对较分散。

屯田的大规模铺开，对恢复发展农业生产起了重要作用。但由于管理屯田的官员玩忽职守，贪污屯田经费，极大地破坏了屯田，再加上自然灾害，自成宗朝起，屯田废驰情况已十分严重。为解决这些问题，中书省派人赴各地巡视120余所屯田的情况，合并了一些屯田，但是没有从根本上改变屯田废驰的情况。到了元朝后期，大多数的屯田其实已经名存实亡。

云南土官蛇节反元

大德九年（1301），荆湖占城行省左丞刘深向成宗提议出兵征讨尚未归附元朝的八百媳妇（傣族部名，今云南西双版纳南，中心地八百即今泰国清迈），以建武功名传万世。成宗采纳了刘深的建议，命刘深为云南征缅行省右承，率湖广、江西、河南、陕西、江浙五省军队20000人出征。五月，刘深军由顺元（今贵州贵阳北）进入云南，沿途征发丁夫马匹，勒索银两，所过之处，人民饱受蹂躏。在雍真葛蛮（今贵州贵定）土官宋隆济的领导下，当地各族民众起兵反元。他们火烧雍真总管廨舍，围攻贵州（今贵州贵阳），杀知州张怀德。附近各州民众纷纷响应，其中以亦奚不薛土官蛇节领导的起义规模最大。蛇节是亦奚不薛总管府总管阿那之妻，阿那死后，摄理本部事务，深得百姓拥戴。刘深至顺元后，向蛇节勒索金3000两，马3000匹。蛇节忍无可忍，于是率水西彝民起兵反元，把刘深军包围于穷谷之中，使其"首尾不能相救"，又与宋隆济联兵围攻贵州。朝廷恐慌，急调湖广行省平章政事刘国杰会同四川、云南军队15000人赴云南援救刘深。次年十月，刘国杰设计攻破彝军剽骑，蛇节乘船撤退。大德七年（1303）正月，蛇节与刘国杰部将杨赛因不花大战于墨特川，败走。二月被元军擒杀。宋隆济被其侄宋阿重缚送元军，亦遇害。起义虽告失败，却使刘深出征军队损失惨重。"存者才十一二"，元成宗最后不得不取消征服八百媳妇的计划。

朱世杰著《四元玉鉴》

大德七年（1303），元代著名数学家朱世杰著《四元玉鉴》。

朱世杰，字汉卿，号松庭，出生于今北京附近。13世纪后期至14世纪初叶，朱世杰以数学教学与数学研究为业，"周流四方，复游广陵，踵门而学者云集"，游学四方20余年。所著以《算学启蒙》与《四元玉鉴》最为有名。

《四元玉鉴》共3卷24门288问，是论述四元术、垛积术及招差术的杰作，代表了中国传统代数学的最高成果。内容包括高次方程组解法（最多可包括4个未知数）、高阶等差级数求和、高次内插法等等。

四元术是中国古代处理多元高次方程组问题的一套代数方法。在宋代天元术和增乘开方法的基础上，朱世杰按天地人物立成四元。"其法以元气居中，立天元一于下，地元一于左，人元一于右，物元一于上……考图明之，上升下降，左右进退，互通变化、乘除往来，用假象真，以虚问实，错综正负，分成四式。"设X、Y、Z、U表示4个未知数（即天、地、人、物），把常项放在中央（记为"太"，所谓"元气居中"），各未知数的各次幂依次放在上下左右，而各未知数各次幂的两两乘积则置于平面的相应位置上。

这既是四元方程，也是四元多项式的表示方法，是中国古代位值制记数法的又一次新的发展。

消元法是四元术的核心，即通过各种代数运算，将四元式化为三元式、将三元式化为二元式，"剔而消之"，将二元式化为天元式"互隐通分相消"，求得这个方程正根，并进而确定方程组中其他未知数的值。其基本解题过程简单概括为：四元式的加减法，以常数项为准，将两式对应位置上的数相加减即可。消元法正是利用这种运算而完成的。

垛积术即高阶等差积数求和问题。朱世杰在前人研究的基础上，主要研究了三角垛和四角垛这两种基本垛积系统，总结出两个基本公式，深刻揭示了二项系数表的许多内在本质。

招差术即内插法。朱世杰在隋唐时的二次内插和元《授时历》中的三次内插法基础上更进一步，把垛积与招差视为一对互逆的运算，利用三角垛系统结果建立四次内插公式。

朱世杰的《四元玉鉴》是中国数学著作中最重要的一部；同时也是整个中世纪最杰出的数学专著之一，为研究中国古代数学提供了宝贵的资料。

《四元玉鉴》中的四元式消元法的问世比西方早400多年；招差术的内插公式比西方的同类成果早300多年。这充分显示了朱世杰和他的《四元玉鉴》在中外数学界的崇高地位。

颁行至大银钞

武宗即位后，由于滥赐和挥霍，不久财政入不敷出。为解决危机，至大二年（1309）七月，乐实请求更改钞法，武宗应准，命尚书省主办。九月，正式下诏颁行新造"至大银钞"。至大银钞钞面以银两为文，从2两至2厘，定为13等。至大银钞与至元钞并行，规定至大银钞1两，相当于至元钞5贯、白银1两、赤金1钱。废中统交钞，各地自诏书到日起，限100日尽数赴库倒换。茶、盐、酒、醋、商税诸色课程，如收至大银钞，以一当五，使至元钞大为贬值。

次年正月，尚书省又发行"大元通宝"和"至大通宝"两种铜钱，规

元代八思巴字"大元通宝"铜钱。元曾禁止使用铜钱，至大三年（1310）恢复铜钱流通。

127

银元宝。银铸币分为银两和银元两种。隋以前称银币为银饼、笏、铤（扁平）或挺（捧形），宋改称银锭。元将银锭以外的银铸币统称元宝，形状为马蹄形。明清两代未改。

定：至大通宝每 1 文兑换至大银钞 1 厘；大元通宝每 1 文相当于至大通宝 10 文。并准以历代铜钱通用。据统计，到至大三年（1310）底，共发行至大银钞 145 万余锭。这种变换钞法，以铜钱、纸钞并行的方法，造成物价腾贵，其中白银涨价达 14.5 倍，赤金涨价 16.5 倍。

元廷崇佛

元朝是蒙古贵族联合回族，汉族地主阶级共同建立的封建政权，也是中国少数民族建立的第一个全国政权。据《元史·释老传》记载，元代佛教的兴隆与元朝历代皇帝的崇奉分不开。蒙古族原本信仰原始的萨满教，12、13

元代绘画，描绘用水力机械加工米食的作坊。画中有位僧侣，说明
这是从属于寺院的作坊。

世纪，随着蒙古社会的进化和对外军事征服，他们开始接触到藏传佛教（俗称"喇嘛教"），并逐渐皈依了佛教。所以在入关以前，佛教已成为蒙古民族一种相当普遍的宗教信仰。元世祖忽必烈就是一个虔诚的佛教信徒，在戎马生涯中，他"万机之暇，自持数珠，课诵，施食"（见《佛祖统记》卷四八）。统一中原后，他说："朕以本觉无二真心治天下，……故自有天下，寺院田产，二税尽蠲免之。并令缁侣安心办道。"（同上书，卷四九）

元朝建国后，统治者对佛教采取了一系列优惠的扶植政策；同时，为了保持与藏族的密切联系，特别尊奉藏僧。忽必烈入关前，就曾邀请藏传佛教萨斯迦派高僧八思巴东来，

元团龙凤龟子纹纳石矢佛衣披肩

讲经说法，参赞军机。立国以后，又奉八思巴为"帝师"，赐玉印，建立了中国佛教史上独特的帝师制度。八思巴不仅兼领全国宗教事务，而且为忽必烈及其后妃等全部皇族灌顶受戒。世祖以后，每帝必先从帝师受戒，然后才能登基，崇佛政策代代相传。

元帝崇佛，保留了草原民族质朴无华、讲求实利的特色，主要是求佛保佑，降福免灾，他们对虚玄深奥的佛教义学并无多大兴趣，崇佛活动主要是修功德，作佛事。举行法会、念经、祈祷、印经、斋僧、修建寺院等的费用多由国库支出，还常赐与寺院田产，数目之大，非常惊人，在中国历史上并不多见。

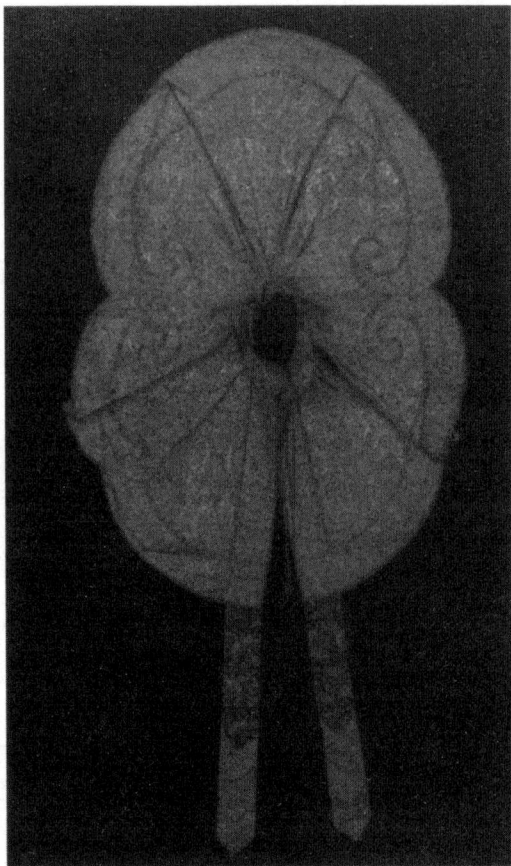

蒙古旧制持续

　　忽必烈即汗位后，推行"汉法"，建立了中央集权的封建统治体系以及相应的各种典章制度；同时又在"祖述变通"的幌子下，保留了大量的蒙古旧制。其中，保留较多，对政治生活影响又较大的蒙古旧制，主要有6种：

　　忽里台制度。忽里台是蒙古语聚会、朝会之意。忽里台制度是蒙古传统的选汗制度，也就是经过召开忽里台，诸王贵族共同推戴，民主选举汗位继承人。从总体上看，它只是原始社会氏族民主制的残余。在大蒙古国时期，忽里台制度体现了大汗与诸王贵族之间的盟誓契约关系，这种关系确立了君臣名分，使分散的部落聚合形成帝国共同体。但这种制度对被推举人身份没有充分的限定条件，造成了蒙古汗位继承中的不稳定因素，加剧了蒙古贵族的内部纷争。元朝建立后，忽必烈企图确立汉族传统的嫡长子继承制，但忽里台旧制仍顽强生存下来。自成宗以后的元代诸帝，几乎无一不是经过召开忽里台才正式即位的。因此元代皇帝即位仪式也相应地有汉制和"国礼"两个程序。

　　怯薛制度。怯薛是成吉思汗时期设置的禁卫军，具有护卫大汗、宫廷服役、行政差遣等多重职能。怯薛由成吉思汗时被称为"四杰"的4名亲信大臣家族世袭担任。入元以后，怯薛组织依旧保留，备受优待，并成为元代高级军政官员的主要来源，而且凭着皇帝近侍身份，参与御前奏议决策，以内驭外、挟制朝臣，甚至介入皇位更迭，成为超越政府机构之上的一个决策团体。

　　帝师制度。成吉思汗建国时，任命元孙老人为别乞（即巫师），起宗教领袖作用。这是帝师制度的开始。忽必烈即位后，封藏地佛教萨斯迦派的高僧八思巴（1235 ～ 1280）为国师，后又进封他为帝师、大宝法王。自此萨斯迦派僧侣取得了全国最高宗教领袖的地位。元代帝师职责有二：一是为皇帝传授佛戒，举行灌顶等宗教仪式；二是负责宣政院，为全国宗教领袖，并统辖吐蕃地区。帝师亲属也得以加官进爵，进而干预政事。

游乐。这幅壁画画的是一蒙古官吏乘马出游，在柳荫下歇息的情景，是一幅难得的元代民间风俗画。画面右半部为骑从，左半部为主人端坐太师椅上"听琴"。

札鲁忽赤制度。札鲁忽赤为蒙古语，意为"断事官"。成吉思汗建国后，设置也可札鲁忽赤，即大断事官，负责掌管属民的分配、审断刑狱，词讼。元朝建立后，札鲁忽赤由总揽各种政务的官员变成了单一的司法长官。其机构称为大宗正府，负责审理诸王附马投下中蒙古、色目人的犯罪案件和婚姻、驱良等户籍争讼；同时审理汉人、南人中的重大刑事犯，按检诸路刑狱。此外，元代还在中书省、枢密院。宣政院等中央机构，设置断事官。

达鲁花赤制度。达鲁花赤是蒙古语"镇守者"的音译，最初是指蒙古征服各地以后在该地设立的最高监治长官，由成吉思汗设立，一般由蒙古人担任。入元以后，这一制度得到更广泛地应用。设置达鲁花赤的官衙机构大致有：路、府、州、县和录事司等各级地方政府、蒙古军、探马赤军以外各族军队的元帅府、万户所、千户所，还有各种总管府、提举司。这样大大加剧了元代官员冗滥的倾向。

投下制度。"投下"一词语出辽代，意为分地、采邑。投下制度也就是分封采邑制度，由成吉思汗确立。忽必烈即位后，推行中央集权政策，对投下进行了若干整顿改革，但并未从根本上触动投下制度。灭宋以后，忽必烈继续将一些江南州郡分赐给诸王贵族。元代投下在封地内享有特权，可以无视

铁蹄踏出的帝国

地方官府，非法征敛；甚至能在中央政府各种机构中插入自己的亲信私党，参决政务。投下制度的保留，增强了元代政治中的保守势力。

此外，还有斡脱制、蓄奴制、军事长官世袭制、岁赐和朝会赐赉制，民族压迫和民族歧视政策，都继续得以留存，与其他蒙古旧制共同构成了元代政治体制"元格局"的一个方面，对元代政治产生了极坏的影响，最终导致元朝统治不到百年即告结束。

龚开、郑思肖以画抗元

宋朝灭亡后，有一些文人画家隐居不仕，以绘画表现个人志节，流露对前朝的忠心和怀念以及对元代统治的不满，代表人物有龚开、郑思肖、温日观和颜辉等。

龚开（1221 ~ 约1307），字圣与，号翠岩，江苏淮阴人，南宋时曾任两淮制置司监，参加过抗蒙斗争。宋之后在苏杭间居住，开始了绘画生涯。龚

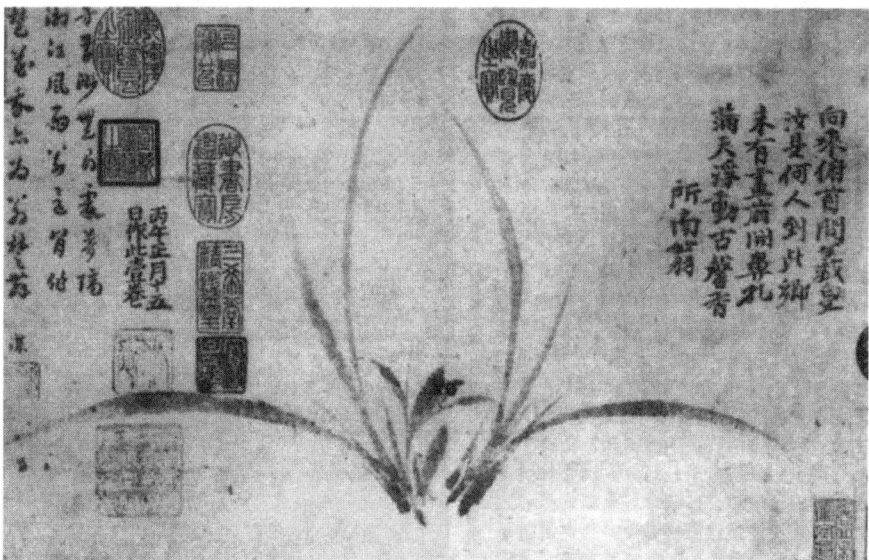

墨兰图（卷）。郑思肖（1241 ~ 1318）作。此图卷绘有兰花一丛，用笔简逸。作者善画墨兰，写兰多露根，不写地坡，隐喻国土沦丧，有天无地，借此表现其爱国情怀。

133

花鸟图（卷，部分）。钱选作。此卷分3段，首段绘碧桃，一翠鸟昂首立枝头；中段绘牡丹，绿叶与粉花相掩映；末段绘寒梅，花朵点缀其间。整个画面设色清丽，风格雅秀。每段都自题诗文，并分别钤印。

开长于画人马、墨鬼，曾作画论《论画鬼》，认为"人言墨鬼为戏笔是大不然"，提出画鬼与画人的关系就如同草书与真书的关系一样，"岂有不善真书而能作草者？"他画风怪异，描法粗厚，坚实凝重，古拙沉厚，常在画中渲泄一腔亡国之恨。他画的《中山出游图》卷表达出希望借钟馗之力驱走恶魔，复兴宋室的心愿；又曾画《瘦马图》卷，叹息老无所用，壮志难酬的遗憾。

郑思肖（1241～1318），字忆翁，号所南，福建连江人，宋时曾为太学士，宋亡后绝意仕途，自号所南，寓背离元廷之意。他擅画兰竹，常在画中倾诉对宋朝的思念和亡国的悲愤。他用水墨画兰花，隐含着孤芳幽邃之意，以所画的露根兰来隐喻国土被外族人夺去。他画墨竹大多为晓光淡泊、苍烟数杆的景象，用来勉励自己保持晚节。著有《郑所南诗文集》传世，多表达故国之思。又著《心史》一书，全书深寄亡国之痛。

此外，颜辉在他的《钟馗雨夜出游图》中将鬼卒画成蒙军，也是以画抗元，表现出可贵的民族气节和爱国主义精神。

白莲教《庐山莲宗宝鉴》成书

元大德八年（1304），释普度修成《庐山莲宗宝鉴》10卷，共70000余字。释普度，宋丹阳（今江苏丹阳）人，俗姓蒋，宋末出家，创庵修炼白莲教。宋灭亡后，为妙果寺主持，号优昙和尚。据传，普度撰写此书共花了约10年时间。《宝鉴》追溯了慧运以来弥陀净土信仰的历史，阐发了茅子元创教原旨，指斥了白莲教流传中的各种乖教现象。普度自述作此书的目的在于辨明真伪，使"枉者直之，邪者正之，疑者决之，迷者悟之"。此书为白莲教成立后第一本重要著作，备受教中人看重；普度也因此书被推为庐山东林导白莲宗善法堂主持。

宋学传入日本

13世纪以来，流入日本的儒学典籍日益增多。1211年从中国返回日本的俊芿，随带大批佛典，还有儒道书籍。30年后，日本出现了第一部复刻宋版朱熹的《论语集注》。1235～1241年入宋的日僧圆尔辨园（1201～1280），带回的典籍中也有很多朱熹的著作。1257年，圆尔辨园又曾在最明殿寺为幕府执政北条时赖开讲《大明录》，开日本禅林讲授宋学之风。1275年他又向龟山法皇介绍三教旨趣，最后编定《三教典籍目录》，为传播宋学立下汗马功劳。

日本宋学的传播，最初以著作刊印的是禅僧的《语录》。由于日僧常兼通儒佛，因此在《语录》中，自然会出现许多涉及宋学的议论。1246年从明州天童山启程访日的禅僧兰溪道隆，成为幕府建长寺的开山祖，在日本确立了禅寺的地位，刊有《大觉禅师语录》。1269年到日本的普陀山高僧一山一宁，是奉元成宗之命前往日本的第一位元僧，抵日后在京都、镰仓广开道场，促使日本宋学研究初具规模，开始步入专门著作的途径。传世的有《一山国师语录》。

日本宋学正式得到传扬，并进入研究时期，开始于玄惠法印从中国传入的新的注来讲授《四书》。玄惠法印是一名禅僧，富有文学素养，谙熟《资治通鉴》，尊崇程朱理学，被后醍醐天皇（1318～1339）召入宫廷讲解朱子学，《大日本史》称他首倡程朱之说。玄惠法印讲授的宋学在14世纪蔚然成风，禅林或世俗专讲宋学的代有传人，管原公时、梦岩祖应、义堂周信都用程朱新义讲授《四书》与《尚书》。

元代改革建筑结构

　　元代在建筑结构上有许多大胆的创造和革新。一方面因为元代在建设大都时，曾调集了全国各地、甚至大批西亚各地的工匠、士兵参加建都工程，广泛吸收了各地的建筑技术，将西藏地区和西业各国的建筑结构，装饰题材和装修手法引进内地，有的建筑由域外人着手设计，这使中国的建筑技术和艺术更加多样化；另一方面元代统治者在大都的宫殿内保持了部分本民族的习俗，并建造了一些畏吾儿殿、盝顶殿、园殿、棕毛殿等各种形式的殿堂，也促进了建筑技术的革新与发展。同时，由于社会经济的发展和技术的进

洙泗渊源牌坊。"洙泗渊源"与"万世宗师"为一坊两面。这是棂星门前的牌坊，形状宏伟，高达 9 米。

泉州清净寺大门

先师庙明间福扇门。制作精致，雕刻的构图及刀法表现出中国传统的精湛技艺。构图完整统一，匠心独运。

步，建筑材料和建筑技术也有了很大的进步，这也带来了建筑结构的更新和变革。

元代的建筑布局方面有了跟以往中国建筑的传统廊院式布局很大不同的创新，一些重要的建筑群均以纵深发展为主，重重院落和殿堂均排列在中轴线上，主体建筑大多采用工字形的平面，以挟屋或朵殿来烘托出主体建筑的高大雄伟。

元代建筑在结构体系、构造做法、艺术风格各方面进行的许多重大的革新和创造，大多都是为了适应大规模的建筑群的修建和加快施工速度以及节省原材料而进行的。因此元代的木构架建筑的主要发展趋势就是简洁明了、去华而求实的结构手法。最典型的表现就是在殿堂的柱网布局上，更多地使用减柱、移柱的作法。如山西洪洞广胜寺和永济永乐宫的元代建造的殿宇，都采用了不同的减柱、移柱作法，来扩大室内的空间。有的殿堂内柱又减又移，

铁蹄踏出的帝国

先师庙月台踏跺及焚香炉。两旁蹲坐石麒麟。香炉上立 4 根绕龙铜柱支撑十字脊歇山顶，后者又立以歇山顶气楼，造型别具一格。

如广胜寺下寺的后殿等，反映出元代木构架建筑在柱网布局方面不拘定制、灵活变通的特点。

　　元代以梁柱为骨干的木构架体系也有许多重大的改革。首先是斗拱的结构功能减弱，用材尺度减小，外檐柱间斗拱朵数增加，以往在结构上起重要作用的昂已经很少，建筑中大多使用假昂，斗拱主要起装饰作用。唐宋时期以栌斗、驼峰和斗拱作梁柱联系的作法已不多见，而往往是将梁直接置于柱头上或插进柱中，使梁架构造节点更加简化，梁柱关系简明。一些楼阁建筑也不再运用平座形制，而是加高内柱，使上下两层贯通，也大大加强了结构的整体性。这种内柱贯通的作法对后世影响很大，明清时成为楼阁式建筑唯一的结构方式。内部梁架均用草栿作法，多用原木适当砍削，较少雕琢，既省工省料，又表现出粗犷自然的风貌。上部梁架多以斜梁做为承重构件，下端置于外檐斗拱上，后部搭在内额上，后尾压在平梁下，形成有力的杠杆体系，简单明确，又符合力学原理，这个结构设计上的大胆创造具有很高的价

139

《楼阁图》，无欵。

值。另外在建筑翼角的处理上也有重大的改进，将角柱柱径加大，埋置加深，并用抹角梁作为转角的辅助构件来承托角梁和翼角屋顶的重量，对增强建筑的整体性和翼角的刚度起到了重要的作用。

　　元代在建筑结构上的大胆改革和创新取得了辉煌的成就，对后代建筑产生了深远的影响。

广胜寺建成

　　元代实行宗教信仰平等的政策，使各种宗教教派兼容并存，也使各种宗教建筑得到了很大的发展。许多规模宏大的寺院占有大量的田产，并经营邸店、货栈、商业、贸易。大都的普庆寺甚至有 8 万亩良田，400 间邸店，寺

广胜寺明应王殿壁画《后宫奉食》。画面人物神情皆备，发髻、衣饰仍沿袭宋代风格。

山西广胜寺明应王殿壁画（下棋图，部分）。从棋盘的格式看是中国的象棋。

院经济发展十分迅猛。元代皇室也花费了大量的人力物力建造了众多规模浩大、建筑精致的佛寺。据统计，当时国内各地建造的寺院共有 24318 所，僧尼 213000 多人，其中著名的有大都的大天寿万宁寺、大圣寿万安寺、庆寿寺、崇国寺、元上都的乾元寺、华严寺等。

元代建成或重建的佛寺有的在战争中被毁坏，有的在明清时又经过了改建，所以完整地保存到现在的已为数不多。建在山西省洪洞县的广胜寺是至今保存较完整的元代佛教建筑的重要代表。

广胜寺位于洪洞县东北 17 公里处的霍山山下，山脚是霍泉的源头，这里风景优美，泉水清澈见底，四周古树繁茂，使人流连忘返。

广胜寺包括上寺、下寺两部分。上寺位于山顶，山门、飞虹塔、前殿、大殿及毗卢殿均沿轴线布置。中轴线因地形的限制不是直线而在前殿内有一处不易被察觉的中间转折处，这吸取了中国古代大型建筑群布局中常用的手法，构思非常巧妙。上寺各殿的柱网布置和木构架体系设计非常巧妙经济，如前殿面阔 4 间，进深 4 间，单檐歇山顶，殿中前后只有四根金柱，并向左右推移，立在次间的中线上，省去了 8 根金柱，使内部空间更加高敞空阔。上部的梁架前后檐和两山面均采用了斜梁，表现出建筑者大胆创新的精神。

广胜寺的下寺按地形座落在山脚处的坡地上。下寺分为前后两个院落，山门设计独特别致，富有趣味。屋顶为歇山式，檐下施五铺作斗拱，檐柱细而高，在前后檐还加建了"垂花雨搭"，正面像是重檐。正殿面阔 7 间，进深 4 间，于至大二年（1309）重建。殿内的柱网布置和木构架体系与上寺各殿有许多地方相似，也采用了减柱移柱作法，节省了 6 根金柱。上部梁架置在长 11.50 米左右的横向大内额上，梁架也是运用斜梁的做法来制作。这种斜梁构架形式是广胜寺各殿建筑中最突出的特色之一。

广胜寺于大德七年（1303）重建，明清时期曾进行修整，但基本保留着元代的布局。寺中保存了多座结构精巧奇特的木构架殿宇，是国内独一无二的。下寺殿内还保存有塑工精细的佛像、菩萨 5 尊。虽经后世多次的修装施彩，仍保存着原有的神韵，有着宋代雕塑的遗风，是元代泥塑中的精品。著名的金代平水刻印版《赵城藏》原来也保存于寺中，在海内外享有盛名。此外，广胜寺殿中四壁原绘有精妙的壁画，后被外国侵略者掠走。

《无冤录》撰成

至大元年（1308），法医王与撰成法医学著作《无冤录》。

《无冤录》以宋慈《洗冤录》为蓝本，共 2 卷。上卷为官吏章程，共 13 则，其中大多是转载世祖、成宗时的官牒条格；下卷则为尸伤辨别，共 43 则，大多引用《洗冤录》、《平冤录》的文字，有的稍加驳正。该书后与《洗冤录》、《平冤录》合称"宋元检验三录"，并被译成日文、朝鲜文传入日本、朝鲜等国。

《习吏幼学指南》编成

大德五年（1301）《习吏幼学指南》编成。

元朝重吏，由吏入官是当时的重要仕途。有鉴于此，为使"习吏"之人掌握"律书要旨"，吴郡人徐元瑞于大德五年（1301）编成《习吏幼学指南》一书。该书编撰方法是"摘当今吏用之字及古法之名"——予以诠释，分成"历代吏师类录"和"为政九要"两大部分，集释条目 2109 条，分成 91 类，对研究元代法律以及社会、政治、经济、风俗等具有特殊参考价值。

马端临著《文献通考》

至元二十二年（1285）前后，马端临开始编撰《文献通考》，至大德十一年（1307）方始成书，历时 20 余年。泰定元年（1324），《文献通考》刊印于杭州西湖书院，正式面世。

马端临（约 1254 ~ 1323），字贵与，饶州东平（今江西乐平）人，南宋右相马延鸾之子。宋度宗咸淳九年（1273）中漕试第一，以荫孙承事郎。宋灭亡后，隐居遁世，历时 20 余年编纂《文献通考》。

马端临撰写《文献通考》的目的，在于继承和发展杜佑《通典》开创的典制体通史的事业，并总结理乱兴衰和典章经制的"会通因仍之道"。该书共 348 卷，计 24 门，记事起自上古，迄于南宋宁宗嘉定年间（1208 ~ 1224）。

与杜佑的《通典》相比较，该书不仅补充了唐玄宗天宝以后至宋宁宗嘉定以前的典章经制，且增加了门类。他从杜佑《通典》中的食货、选举、礼 3 门中析分出 10 门；又新增《通典》所没有的 5 门，其中尤以《经籍考》部帙最大，共 76 卷，约占全书 22%，是一部辑录性的目录书。两项合计超出《通典》15 门。马端临还对这些新析或新增的各门作了理论上的说明。因此《文献通考》

扩大了典制体通史内容的范围，反映了马端临在继承前人基础上的创新。

《文献通考》着意于文献。其价值主要在于它在历代制度的荟萃和综统上的会通、该洽，考核、持论上的成就。中国历史上有名的十大通史著作中，以《文献通考》为最优。其中有三方面尤其重要：一是叙述宋代典制最为详尽，不少是《宋书》各志所未能包括的；二是比《通典》详赡，改变了《通典》以"礼"占全书半数的格局而大大充实了所析各门类的分量；三是《文献通考·经籍考》作为一部有相对独立性的辑录性目录书，著录了先秦至宋的各类文献 5000 种。后人把它与《通典》、《通志》统称为"三通"。

制定税课法

元朝课程，主要指工商税课，包括岁课、盐课、茶课、酒醋课、商税、市舶抽分、额外课等名目。至元七年（1270）时，诸路课程岁银 50000 锭，后减 1/10，大德十一年（1307），政府为赈江南洪水灾民，用盐、茶课等折收米。至大三年（1310）正月，元廷制定税课法，规定了税课等第、资品和员数。

税课法以大德十一年考较课程为准，定旧额和新增额，合为正额，折成至元钞交纳，并从至大三年实行。"余止以十分为率，增及三分以上为下酬，五分以上为中酬，七分以上为上酬，增及九分为最，不及三分为殿。"同时定税课官等第，万锭以上设正提举、同提举、副提举各一员；一千锭以上，设提领、大使、副使各 2 员；五百锭以上，设提领、大使、副使各一员；一百锭以上设大使、副使各一员。所设资品官员，以两年为满期。

元医疗机构回汉并存

元代的医药学除中医药学外，还有蒙医药学和回回医药学。与此相适应，元医疗机构除沿袭前代有关中药的医事组织外，特置关于回回医药的广惠司和回回药物院，呈现出回汉医事机构并存的局面。

元代沿袭金制设太医院，负责全国医药行政管理，医学教育和医疗机关

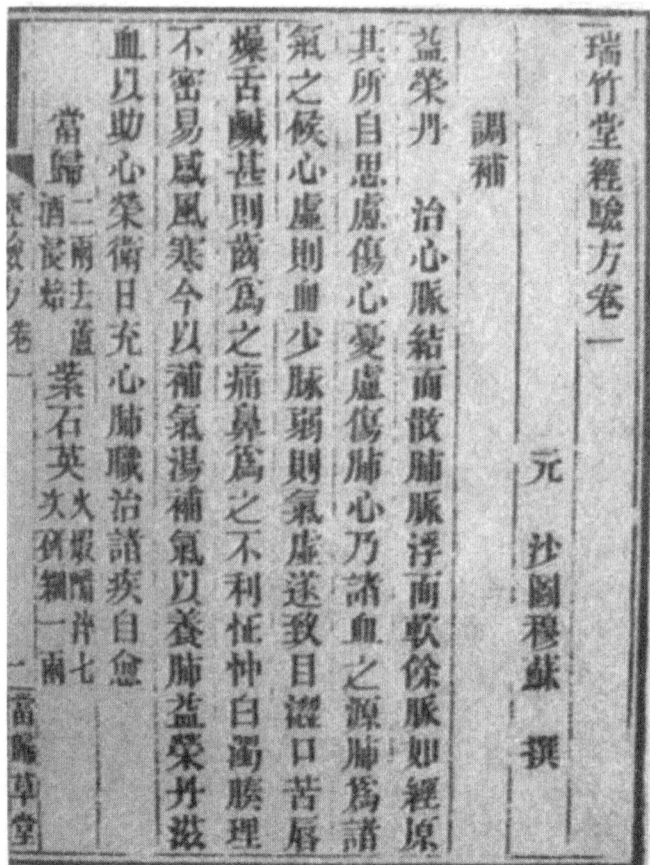

《瑞竹堂经验方》书影。元代蒙古族医学家沙图穆苏撰。

的工作。至元六年（1269）设御药院，掌管接受各路乡贡和各国贸易或进献的珍贵药品，及医药的炮制和储存，为宫廷或王府的帝王家族人员提供医药服务。至元十年（1273），政府又在大都（北京）及多伦设立御药局，管理两都行箧药物。至元二十五年（1288）还设置了官医提举司，负责医户的差役、词讼等事务，并在河南、江浙、江西、湖广及陕西五行省设司，作为官医提举司的地方分支机构。大德九年（1305），在御药院的基础上，分设行御药局，专门管理上都（即开平）药仓事务。

在典医监下，元政府还设广济提举司，主管修制药物以施济贫民。在各

用以取药散的蒙医铜药匙

地府、州、县普设惠民局，担任平民的医疗工作。

13 世纪中叶，随着蒙古军队西征的胜利，中东一带相继为蒙古占领。中西交通的畅通，使不少阿拉伯医生相继来华行医施药，回回医药学也逐渐流行开来。为了适应这种社会需要，元世祖于至元七年（1270）在太医院成立以阿拉伯医生为主的官方医疗组织——广惠司，为皇室及在京的回回人调制回回药物及提供回回医疗。至元二十九年（1292），元政府在大都和上都又各设一座回回药物院，归广惠司管辖。在中国古代医事机构设置史上，专门为中医以外的医学建立组织，这是仅有的一次。

元朝官方医疗机构拥有当时精通医术的各族医生。太医院的蒙古族医生忽思慧著有《饮膳正要》，是中国现存最早的古代营养学专著。太医院的汉族医生许国桢，著有《御药院方》，是一部珍贵的元代方书。此外，广惠司

蒙古族医生出诊携带的药包

拂林（今阿拉伯叙利亚共和国西部）人爱薛，长期在中国医政机构中担任要职，为回回医药在中国的传播作出了卓越贡献。

元朝划分人为四等

　　元朝将各族人民划分为蒙古、色目、汉人和南人四个等级，并且规定这四等人在做官、打官司、科举条例和名额诸方面有一系列不平等的待遇。

　　蒙古族在各等人中名列第一等，是元朝的"国姓"。蒙古人内部也由两部分组成：其一为与成吉思汗皇室出于共同祖先的为尼鲁温蒙古人，有泰赤乌、兀鲁、忙兀、札只剌等20余部；其二是被称为迭列列斤的一般蒙古人，有兀良哈、弘吉剌、伯牙兀等10余部。此外，元代把札剌亦儿、塔塔和、蔑儿乞、八剌忽、克烈等部也看作蒙古人。色目人继蒙古人之后名列第二等。主要指西域人，如钦察、唐兀、畏兀儿、回回等。1304年规定，除汉儿、高丽、蛮子外，都为色目人。这些人大多属于西北各族，还有些是中亚人。随着成吉思汗领土扩大，色目人的数量也随之大量增加。汉人为第三等。汉人也被称为汉儿、乞塔，札忽歹，指淮河以北原金朝境内的汉、契丹、女真等族以及较早被蒙古征服的云南、四川两省人，东北的高丽人也是汉人。据《辍耕录》载，汉人有 8 种。南人为第四等。南人也叫蛮人、囊加歹、新附人，指最后被元朝征服的原南宋境内各族。元统治者根据被征服的时间顺序将汉人分为两等，以利用汉人压制南人，分而治之。

在元统治者划分的上述四等人中，蒙古贵族最为高贵，享有许多特权；色目人是蒙古贵族统治人民的帮凶，汉人中少数官僚地主被笼络利用，而其余汉人与南人一样处于被奴役的地位；南人处于最末等，其地位还不如汉人。

元屯田岭北

元朝的历代统治者出于政治、军事以及民族自身利益的考虑，特别重视对边疆地区的开发，为边疆少数民族地区的经济发展创造了有利条件。最引人注目的就是屯田岭北，发展该地区的农业生产。

岭北地区是蒙古族的发祥地，在蒙古统一到忽必烈建元之间这段时期，这里一直是蒙古帝国的中心区域。即使政治中心南迁以后，这里也始终被最高统治者所重视，不仅设有重兵，还建制了相当级别的行政机构。常住人口也因各种原因而急剧增长。

在经济方面，除特别重视保护和发展传统的畜牧业的优势外，政府还在这里积极发展农业。屯田是其发展农业的主要手段。成吉思汗在攻金的过程中，俘获了大量人口。于是命令镇海在按台山东麓的阿鲁欢组织所俘的万人进行屯田。丘处机在 1221 年应邀前往中亚途中见到岭北秋粮已熟，还建有粮仓的情景，说明了屯田的卓有成效。随着屯田，这里出现了新型城市——海城。窝阔台时期，岭北屯田垦荒有进一步发展。

元建立以后，开始了大规模的屯田活动。1272 年，被称为拔都军的由罪人组成的敢死队在怯鹿难开渠耕田。同年，百名南人携带农具前往乞里吉思，使这里成为较早开展屯田的地区之一。1274 年元政府将南宋投降的军队——

生券军 81 人迁到和林屯田。全国统一后，刘国杰所率的防御西北诸王叛乱的军队，也有不少人在和林从事屯田。其他如石高山与忽都鲁戍和林军队也靠屯田获取源源不断的军粮供应。1278 至 1279 年间是岭北屯田的第一次浪潮。武宗即位后，调集上万汉军在称海、和林屯田，形成了岭北屯田的第二次浪潮。英宗即位后，又一次出现屯田高潮。

岭北屯田主要分布于和林、称海、五条河、乞里吉思、怯鹿难等地。中后期还在海剌秃（今乌兰巴托东南）多次兴办屯田，这次屯田一直延续到 1348 年方告废罢。

岭北的屯田，一方面缓解了军粮供应的困难，另一方面为农业的发展开辟了道路，对于发展边疆经济，促进民族团结，意义十分重大。

道教开铸金殿

道教祀神和作法事的场所称观，更庞大的观称为宫，较小的观又称道院。观、宫之内主要建筑称为殿。

道教建筑一般为木构建筑体系。其组合原理与住宅、宫殿及佛寺大体相似。如山西芮城永乐宫，始建于元代，是现存较早的，保存比较完整的道教建筑。

此外，道教建筑中也常有用铜铸造的，称为金殿。金殿象征天帝的金阙，大多供奉真武帝君，即古代神话中的北方之神玄武，也是道教武当派所奉的

东岳庙，元时为东岳大帝之宫，是道教两大派系之一正一派在华北地区的第一大道观。东泰山神为阎罗王的上司，掌握人生长短、阴府鬼神。左图为东岳庙山门，右图为东岳庙七十二司。

主神。因此，金殿也发源于武当山。

现存最早的金殿铸于元大德十一年（1307），仅1间，高2.4米。另外位于武当山天柱峰上的金殿，铸于明永乐十四年（1416），面阔3间，高5.5米，整个建筑，包括神像、供桌全为铜铸镏金，加工精致，堪称雕塑艺术珍品。云南昆明太和宫曾在明万历三十年（1602）仿照武当山铸造金殿，明末移往宾川鸡足山，今已不存。昆明现存的金殿是吴三桂在康熙十年（1671）仿建的。其他诸如苏州玄妙观原有明代铜亭一座，山东泰山碧霞洞亦有明代铜亭一座，今已移置岱庙。碧霞元君祠原称昭真观，位于泰山极顶南面，殿内供奉泰山神碧霞元君铜像，其正殿五门、瓦片、吻兽都是用铜铸造的。

道教开始铸造金殿，说明我国古代铸造技术已达到较高的水平。

米氏云山派流传

金代风行一时的由宋代米芾、米友仁开创的云山墨戏，成为元代米氏云山的来源。元代承传米氏云山的画家众多，如高克恭、方从义、龚开、郭军、张羽等，其中最有成就的是高克恭和方从义。高克恭（1248～1310），字彦敬，号房山道人，维吾尔族，官至刑部尚书。平生酷嗜书画，又爱江南山川，与当时文人画家交游甚广，是一个学识渊博的少数民族画家。他善绘山水，融合米氏云山兼取董、巨皴染而自成一家，亦擅画墨竹，常绘山色空濛、烟云峰峦之景，并用疏树、屋宇点缀其间，画风秀润清丽、俊朗厚实。代表作有《云横秀岭图》轴、《春山晴雨图》轴等。他的墨竹学习王庭筠，当时被称赞为"尚书高妙无敌"，他的《墨竹坡石图》画的坡石双竹笔法沉厚，是一幅难得的佳作。他曾多次到江南任职，后又在杭州定居，对南北绘画的交流起到了积极的作用。

方从义（约1302～1393），字无隅，号方壶，是江西贵溪人，上清宫的道士。他的画意出自董、巨和二米，所画的云山笔致跌宕放达，迹如粗头乱服，野朴不驯，狂放潇洒。其传世之作有《山阴云雪图》轴、《高高亭图》轴、《武夷放棹图》轴和《神岳琼林图》轴等。

151

《云横秀岭图》，此图画层峦高岭，溪桥疏树。上下峰峦及近景坡石树木之际，间以白云朵朵，从而掩去大山给人的窒息之感，并增加了景物的深度，使画面元气浑沦。整幅画设色明丽、笔墨精妙、用笔灵活。山石多用米点皴，但又揉进新的变化，如山巅的"矾头"，水边的卵石以及米点之下的"披麻皴"。说明高氏并非刻板效学二米写烟雨林峦，还吸收了董源、巨然山水画的长处，以丰富自己的技法。